JN076188

経営という冒険を楽しもう5

「愛される志経営」
二代目社長が和太鼓を叩いたら……。

「HERO'S CLUB」主宰
仲村恵子

はじめに

おかげさまで「経営という冒険を楽しもう」シリーズも今回で5冊目となりました。

それぞれの主人公となった社長も、今や立派な背中で、愛と微笑みをたたえた精悍な顔になり、幸せな経営を手に入れています。泣いて、笑って、悪戦苦闘した、あの日々が懐かしく思い出されます。

そしてこのシリーズに、たくさんのありがたい感想をいただきました。

「会社経営の真理が詰まっている気がします」

「とっても良いので、社内のみんなで回し読みしています」

「多くの会社が、同じようなことで悩んでいるのですね、共感します」

「苦しいのは自分だけじゃないと安心しました。そして救われていく社長さんたちを拍手を持って応援しました。次は私の番かな？」

などなど……。

会社というのは生き物なので、みんな同じような原因で、同じような課題に悩みます。経営者はその課題を超えようとあらゆる努力を惜しまないのですが、なぜか悩みごとが解決せず、もがけばもがくほど、そこから出られなくなってしまい、どうせ無理とあきらめるか、まるで他人の会社のように距離をおいて関わったりします。もしくは、あらゆる仕事や用事を他に増やして、あまり会社に行かなくなってしまうことがあります。

それはまるで、愛する奥様との関係をこじらせ、お互いに解決法が分からず会話が減ったり、遅くに帰ったり、かと思えば突然ごちそうしてみたり、プレゼントを贈ったり、やはり本音が言えなかったり……、にも似ています。

夫婦の関係も大変ですが、仕事となるとたくさんのお客様や社員を抱え、悩みが絶えないと、真面目な社長は本当に苦しみます。

しかしそれには、明確な課題解決の方法があるのです。

今回は「二代目（三代目）社長がかかえる課題」です。

創業社長から引き継いで、後継者の二代目（三代目）社長が会社を傾かせる、という話はよく聞きますね。

それはもちろん新社長の能力が低いわけではありません。仕事をサボっているわけでもありません。でも、古参の幹部社員との関係や、社内の人間関係、お金の回り方、ビジネスの広がり方などで、なんだか上手くいかなくなってしまうことが少なくないようです。

それにはもう少し根本的なこと、会社における社長とは何なのか、社長の気質の問題、社長と社員の根本的な関係、社員全員の意識の問題、どうチームを作るのか、などなどが関係してきます。

今回はそのあたりを、株式会社メディアラボ二代目社長・長島睦（むっちゃん）の苦難と栄光の物語を通じて紐解きたいと思います。

偉大な創業社長の死により突然二十七歳の若さで会社を任され、精一杯やればやるほど様々な問題をこじらせ、ついには社長なのに出社できなくなり、毎日タイムカードだけを押して公園で過ごすというドラマのような展開。

そこから自分を見つめ、社員を見つめ、会社を見つめ、地球を冒険して生まれ変わり、数多くの中小企業が肩を組むスクラムの中心人物にまでなった、むっちゃん。

その波瀾万丈の物語をお送りいたします。

さらに、私たちワールドユーアカデミーが、この混迷の時代を生き抜くために神様から教えてもらった、「ヒーローズクラブ」「社会貢献」「日本を元気に！」「志経営」「豈プロジェクト」……、などの新たな取り組みをはじめて行くのですが、なぜこんな社会貢献活動をはじめようと思ったのか、それがビジネスにどのように直結するのか、そんな冒険の始まりのお話も、少しですがお伝えできたら幸いです。

もし今まで成功していた方法で、幸せに成功しなくなったり、この先の数年後もおおよそ見当がついてしまったり、なぜか未来に明るく魂が喜ぶような希望が描けなくなったら、その試練は、神様からのコールかもしれません。

誰と何をどのように学び続けるのか？　ここが重要な分かれ道です。自分の直観を信じて、さあ新たな仲間と共に経営という冒険を一緒に楽しみましょう。

株式会社ワールドユーアカデミー　代表取締役
「ヒーローズクラブ」「豈プロジェクト」主宰
一般社団法人日本中小企業経営審議会　代表理事　仲村恵子

目次

第2章　社長自身が変わり、幹部と魂の同志になる　54

第3章 ワンチームを目指して 114

第4章 ヒーローズクラブ 140

株式会社メディアラボ

「愛される志経営」

二代目社長が和太鼓を叩いたら……。

序章

「続きましては、ヒーローズクラブ、和太鼓チームの演奏です！」

司会の声に合わせて、照明が暗くなり、ステージの幕が開き始める。

二〇一九年十二月、東京。江戸時代から続く日本庭園などを備えた歴史ある場所、八芳園。その大会場でヒーローズクラブ大感謝祭が行われている。会場を埋め尽くす五〇〇人の観客から拍手が起こる。

ステージの幕が開き終えスポットライトがあたる。ステージ上に、観客席と平行に並べられた無数の和太鼓、そして、両手に太鼓のバチを握りしめたタンクトップ姿のメンバーが居並んだ。

——ダダダダン！

演奏が始まり、太鼓の音が会場にこだまする。

「やーっ！」

2019年12月　ヒーローズクラブ大感謝際での初の和太鼓演奏

太鼓の音に負けないほどの力強い声。ほとばしる汗。

「なんなんだ、このヒーローズクラブのメンバーの熱気は」

「いい歳をしたおじさんたちが、青春してる感じだ」

「なんだか分からないが、元気になってきた」

二曲、三曲と演奏が進むにつれ、観客たちの目は、明らかに輝きだしていた。熱気が会場に溢れていく。

――ドドドドドド、ドン！

「よーっ」

――ドン！

「やーっっ！」

最後の曲が終わり、メンバーが両手に持ったバチを高々とかかげる。

序　章

「オー！」

歓声とともに、怒涛のように拍手が沸き起こった。熱のこもった拍手は、しばらく鳴りやまずに続く。

この喝采の中、ひときわ大きくガッツポーズをして、涙を流しながら天井を見つめているメンバーがいた。和太鼓チームのリーダー、長島睦である。

株式会社メディアラボの社長である睦は、八方塞がりの状況の中、ワールドユーアカデミーと仲村恵子に出会い、そして、ヒーローズクラブ、和太鼓に挑戦して、人生を大きく変えた。ヒーローズクラブ、そして和太鼓が、彼の未来をどのように変えていったのか。話は、五年ほど前にさかのぼる。

「もう暗いし、腹も減ったし、そろそろ帰ろうぜ」

「そうだな」

「またな〜」

子どもたちの溌剌（はつらつ）とした声が聞こえる。東京郊外の住宅地の中にある公園。

その片隅にあるベンチに座っていた睦は、顔を上げ、虚ろな目で声が聞こえた方を見た。

日中の大半を過ごした公園のベンチ

小学校の高学年であろう。数人の子どもたちがサッカーボールとじゃれ合いながら、楽しそうに公園を出ていく。

「まだ、午後六時か……。日が暮れるのが早くなったな……」

一人、呟いた。

秋も深まり、あと少しで冬がやってこようとしていた。太陽はすでに沈み、西の空がわずかに明るいだけで、星も見え始めている。改めて見渡すと公園には、睦の他は、誰もいなくなっていた。

「ううっ、寒い……」

木々も葉を落としていて、遮(さえぎ)るものがないだだっ広い公園に、北風が吹きつける。睦は思わず、身を震わせた。舞い上げられた落ち葉が、砂とともに、膝の上にあるノートパソコンのキーボードの上に数枚、落ちた。

「くそっ」

睦は、顔をゆがませながら、荒々しく落ち葉を払い、パソコンを閉じる。そして、両手で頭を抱えた。

(なんで、こんなところで仕事しているんだ。俺は社長だぞ！　い、いや、駄目だ。怖い……。社員と会いたくない……)

社内で社員と顔を合わせたときの冷ややかな視線が脳裏に突き刺さり、体を硬直させた。

睦は株式会社メディアラボの社長に、父の後を継ぎ二十七歳の若さで就任した。

しかし、社員との関係が年々悪化し、自分の会社にも関わらず居場所がなくなっていった。

そして、三十歳になった頃から、会社に行って社員と顔を合わせるのにも恐怖を感じる状況に陥っていた。

今日も、社員が出社する前の早朝に会社に行き、カードリーダーに出社登録を済ませ、そのまま誰にも会わずに外出した。そして、会社から徒歩五分くらいにあるこの公園のベンチで、パソコンと携帯電話で仕事をしていたのであった。

天気の悪い日や寒さや暑さに耐えられない時には、会社の近くにありながら、かなり古びていて、社員が入らないであろう喫茶店に入り、店の一番奥の人目につかない席に座り、社員に見つからないかビクビクしながら、仕事をすることも多くなっていた。

「はあぁ」

なんでこんなことになってしまったんだろうと思いながら、しばらく空を見上げた後、気を取り直してノートパソコンを開き、取引先へのメール返信と見積書の作成を行った。

コートを着込んで、雑念を忘れるように仕事に没頭する。

仕事は山のようにある。

でも無味乾燥だ。

星が瞬（またた）いている。

そして、パソコンの画面が二十一時を告げたのを確認し、パソコンを閉じる。

(もう、会社にも誰もいないだろう)

ベンチから立ち上がり、寒さに身を震わせながら、重い足取りで会社へと向かう睦であった。

第１章　二代目社長の葛藤と憂鬱(ゆううつ)

運命を変える母親からの電話

――カツーン、カツーン

睦の靴の音だけが廊下に響く。無機質な白いコンクリートの壁に沿って無言で歩く。たまに現れるガラス窓からは、明るい星が一つだけ見える。

不意に、小学生の時に家族でキャンプに行ったときの夜空を思い出した。

「旨いなあ。さあ、睦もどんどん食べろ」

バーベキューで美味しそうに肉を頬張りながら、家族と話している父親の笑顔。それが嬉しくて、父親の車のドアにぶら下がるなど、はしゃいでふざけたこと。

「こら、調子に乗り過ぎだっ、大人しくしろ！」

父親と共に。貴重な家族写真（左から父、睦）

父親からこっぴどく叱られて泣きじゃくったこと。普段、仕事でほとんど家にいなかった父親との数少ない思い出だ。

睦の父親は、電気系の大学の夜間部に通いＩＴ系企業に勤めた技術者であった。そして、一九九一年九月、睦が八歳のときに独立し、医療関連のシステム開発や保守サービスを請け負う会社、株式会社メディアラボを創業した。

睦の祖父……、乾物屋を経営していたが、破天荒な性格で趣味や酒などへの消費が激しく、常に銀行に借金がある状態であった彼を反面教師として、父親は銀行からの借入もせずメディアラボを立ち上げたのである。

そして、借金は悪だという信念のもと、堅

実な経営で順調に業績を伸ばした。二〇〇六年には自社ビルを持ち、創業当初は三名であった社員も四〇名程度にまで増えた。厳しくも温かい人柄で、社員からの信頼も非常に厚い社長となっていた。

睦は、大学卒業後、経営者になることを夢見て大手証券会社に就職した。そこで営業職として成果を上げた後に、父親からの依頼もあり、二〇一〇年にメディアラボに営業担当として入社した。

それから、一年近くが経とうとしている二〇一一年十一月。二十六歳最後の夜に、母親からの電話で呼び出されていた。

――カツ、カツ、カツ

睦は少し早足になりながら薄暗い廊下を歩き、突き当りにあるエレベーターホールまでやってきた。母親からの電話をメモした紙を取り出す。病棟が合っていることを睦は再度確認した。そして、到着したエレベーターに乗り込み、地下へ向かうボタンを押した。

ドアが閉まったとき、今度は、今年の正月に帰省した時の出来事が浮かんできた。

正月休みも最後の一日となった日、居間でのんびりしていた睦と弟と妹の三人を、父親が笑顔のような照れたような顔で「ちょっと来てくれ」と自分の部屋に呼び出したのである。

三人が怪訝そうな顔をしながら部屋に入ると、部屋の大きな白い壁に、プロジェクターで文字と建物の画像が映し出されていた。文字は「株式会社メディアラボ　会社説明」と書かれており、建物はメディアラボの自社ビルであった。

唖然とする睦。弟も妹も、口をあけて部屋の入口で立ち止まっている。

「どうしたんだよ、急に」

睦が三人の気持ちを代表して言った。

「まあ見やすいところに座れ。これがお父さんの会社も順調に伸びてきているし、ゆくゆくは、お前たちの誰かにやってほしいと思っているんだ」

照れくさそうな表情で父親は言う。まだ先の話だろうと思いながらも、まあ付き合ってあげようかと三人は笑みを浮かべて座った。

画面に映る資料を順番に流しながら、父親は会社の説明をしていく。最初は苦労話や失敗談など和やかな雰囲気であったが、会社の使命や今後の目指す姿を話す頃には、口調は真剣そのものになっていった。気づくと、睦たち三人も、真剣な表情で話に頷いていた。そして、父親は、最後にこう言った。

「私の後を継いで、この会社をもっと良い会社にしてほしいんだ。よろしく頼む」

想像以上の真剣な話に、お互いに顔を見合わせる三人。

大学で研究員をしている弟は、「まだ、もっと今の仕事を深めたい」と言う。まだ大学生の妹は、いきなりそんなこと言われてもと、困惑しているのが明らかに分かる。

弟と妹、そして父親の視線が、自分に注がれているのを、睦は感じた。

「分かった、分かったよ。父さんが隠居したら俺が後を継ぐよ。まだＩＴのことはあまり分からないけど、営業はできるから、ちゃんと引き継ぎしてもらえれば大丈夫だと思うよ。今よりも、もっと社員を幸せにする会社にするよ。任せとけ」

睦は、仕方ないなあという表情を見せながらも、笑顔で答えたのであった。

その時の、父親の「そうか、そうか、よかった。よろしくな」と安堵した声と満足そうな笑顔が目の前に現れる。それとほぼ同時に、エレベーターが目的の階に到着し、ドアが開いた。

「兄ちゃん」

薄暗がりの中に、目を赤くした弟が立っていた。

「おう」

睦はやっとのことで、声を出した。

「こっちだよ……」

目的の部屋に案内しようとする弟に、無言でついていく。弟が部屋の扉を開けた。

「むつみ……」

部屋に入った睦の姿をみて、母親がよろよろと近づいてきた。

「母さ……」

母親の顔の向こうに、白い布をかけてベッドに横たわっている人影が見え、睦は言葉を詰まらせた。ただでさえ窓一つなく白色のモノトーンである部屋が、灰色一色に変わった。冷たい、冷たい空気が体の中へと流れ込んだ。

睦は、母親に手を引かれ、その横たわっている人の前に移動した。そして、震えが止まらない手で、顔にかけられている白い布をめくった。そこには、昨日までは確実に元気であった父親の変わり果てた姿があった。

睦の肩に全体重をあずけるように、泣き崩れる母親。睦は、母親の背中と肩にそっと手を添えて支えながら、立ちすくんだ。

この部屋は霊安室。母親からの電話は、父親が自転車事故で病院に運ばれたという連絡であった。父親は自転車で坂を下っているときに、おそらく心臓発作を起こし、縁石に激突したらしい。

(なんで、どうして、こんなに早く、突然に逝ってしまったんだよ。会社も、どうしていけばいいんだよ)

睦は、冷たくなった父親に、何度も何度も、無言で問い続けた。

悲しむ間も無く

――ピンポーン

睦は、その音で我に返り、慌ててインターホンの画面を覗き込む。訪問者の姿を確認し、「はい今、開けます」と答え、足早に玄関に向かう。

（もう午後一時か。ぼーっとしていた……）

衝撃的で悲しい事件が起こった次の日。長島睦二十七歳の誕生日の朝、会社の幹部たちに、社長が亡くなった旨を連絡した。この日は日曜日であり、幹部たちは皆、自宅にいて連絡が取れた。そして、会社の混乱を避けるためにも、できるだけ早く今後のことを話し合うべきということで、午後一時に、睦の実家に集合することになっていたのであった。

睦が玄関のドアを開けて外にでると、幹部六人が並んで立っている。皆、困惑と悲しみが混ざった表情を浮かべている。その雰囲気が乗りうつったかのように、空には分厚い雲が広がり、太陽からの光を遮っていた。

「ご愁傷さまです……」

一番前にいた古田一郎が、睦に向けて神妙な面持ちで言った。他の五人も、睦に向かって礼をした。

古田は、メディアラボの古参幹部の一人であり、社長とずっと一緒に仕事をして、社長のやり方をもっとも熟知している、メディアラボのナンバー2といった存在である。歳も、睦より一回り以上も上で、ＩＴ技術に関しても詳しく、社員の面倒見もよい、社歴も実力も人望も、睦とは比べ物にならない人物であった。

「お休みのところ、ありがとうございます。どうぞ、お上がりください」

丁寧に礼をした後ドアを開け、中に入るように促した。ゆっくりと無言で玄関に入り靴を脱ぐ幹部たち。

睦は最後に玄関に入り、皆より先に廊下に上り、和室へと誘導した。廊下を歩いている途中、何かしらの会話をするのが普通であったが、この日は言葉がまったく浮かばなかった。

(これからどうなってしまうんだろう、どうしていくべきなんだろう)

そんな思いが頭の中を堂々巡りしていた。幹部たちもきっと同じなのであろう。誰も何も言葉を発せず、俯きながら、睦の後をついて歩いていた。

「こちらです、お座りください」

和室は一〇畳ほどの広さで、その真ん中には、父親が選んだ重厚な木のテーブルが置かれている。そのテーブルを六人の幹部が囲うように座った。晴れた日であれば、窓から差し込む光で畳の緑とテーブルの木目がとてもきれいに映えるのであるが、今日は、外からの光もなく、幹部たちの黒い礼服も手伝ってか、部屋全体がくすんでいるように感じられた。

「お茶をお持ちしますので、少々お待ちください」

その雰囲気から逃れるように、睦はそう言って、和室から出て障子を閉めた。

五分ほど経ったであろうか、睦がお茶をいれ入口まできて、障子を開けようとすると、中から話し声が聞こえてきた。

「しかし、大変なことになったなあ。まさか社長が亡くなるとは……」

「会社はどうなるんだろう」

睦は無意識に動きを止め、息をひそめた。話し声は続く。

「それは、古田さんがいるから、大丈夫だろ」

「そうだな。じゃあ、問題は誰が社長を引き継ぐかだな……」

少し沈黙があったあと、古田の声が聞こえた。

「まあ、あるとすれば、息子さんかな」

その古田の言葉の後、沈黙の中に、ハァという溜め息や、ウーンという小さな唸り声が混じる。明らかに、睦が社長になることには抵抗がある様子が伝わってきた。室温は快適なはずにも関わらず、睦の額と掌から汗がにじみ出てきた。

(確かにそうだろう。いずれは父親の会社を継ぎたいとは考えていたが、さすがに今すぐは難しい。ＩＴのことも経営のこともあまり分からないし、自信も全くない。ここは、やはり古田さんに社長をやってもらうのが一番だ。だが、引き受けてくれるだろうか。もし引き受けてくれない時は、どうしたらいいのだろう)

睦の頭の中で堂々巡りが始まる。

(この場から逃げ出したい。でも、自分がしっかりしなければ)

「お待たせしました」

睦は意を決して、和室の障子を開けた。また無言で下を向く幹部たち。お茶を配り終わった後、睦は、古田の正面の空いている席に座った。そして、再度、意を決して皆に向けて口を開いた。

「本当に、本日はお集まりいただきまして、ありがとうございます」

全員が、頭を下げる。

「単刀直入に、本題に入らせてください」

睦は、声を少し大きくして話し始めた。

「通常の業務は、皆さんがいてくださいますので、大きな問題はないと思っております。今日この場で決めなければいけないのは」

額からの汗を拭うため、睦は一旦言葉を切り、その後、こう言った。

「誰が社長を継ぐかです」

幹部たちは、無言で、小さく頷く。しかし、誰も口を開こうとはしなかった。続く沈黙。

「私の意見は」

沈黙に耐えられず、睦はたまらず口を開いた。

「ここは、実績も経験もある、古田さんに社長をやっていただくのが良いかと考えております。いかがでしょうか？」

睦は視線を向ける。古田はゆっくりと顔を上げた。

「社長のことは本当に残念です。今もまだ信じられません。社長には、いつもお世話になっていましたので……」

古田の眉間には皺（しわ）がより、目には涙が浮かんでいる。その涙を拭くためか再び俯いた。そして、もう一度顔を上げた。

（じゃあ、ぜひ社長に就任してください）

睦はそう言おうとしたが、古田の顔を見て思わず言葉を飲み込んだ。顔から表情が消えていた。まったくの無表情であった。

「ですが、社長にはなれません。私は技術者です。経営者にはなれませんし、なりたいとも思いません。お汲み取りください」

古田は、睦に向かって深く礼をした後、再び、無言で下を向いた。

「そ、そうですか。お気持ちは分かります。分かりますが……」

睦は、慌てて、視線を、他の幹部に向けた。

「皆さんはいかがですか？　古田さんに社長になってもらいたいと思っているのではないですか？　もしくは、自分が社長にという方はいらっしゃいませんか？」

睦は必死で、他の幹部に言葉をかける。

「……」

しかし、幹部は皆、無言で俯いたままであった。

「何か、ご意見はありませんか」

睦は、さらに声のトーンをあげた。

「……」

しかし、沈黙は変わらなかった。睦は、どうしてよいか分からず、黙って俯くしかなかった。

正月にみた父親の会社説明会の映像が脳裏に蘇る。

――任せとけ
笑顔で言った睦。

――よかった、よかった

安堵の表情を浮かべた父親。それに続いて、昨夜の母親の泣き崩れる姿が現れた。

(自分がしっかりしなければ。自分が、この会社を何とかしなければ。でも、自分にできるのか)

頭の中の堂々巡りがまた始まろうとした。その時、

――頼んだぞ、むつみ！

頭に、父親の声がこだました。そして、その声が風になり、頬をなでた。

睦が突然、立ち上がった。

六人の幹部は、驚きの表情とともに、顔を上げた。

そして、それまでの沈黙を突き破る声で言った。

「僕が社長をやります。他に誰もやってくれないなら僕がやります」

睦二十七歳の誕生日。この日に、株式会社メディアラボ二代目社長が誕生した。

社長就任の発表

「社員の皆さん、突然の報告があります」

幹部との話し合いで社長就任を決めた次の日の朝、睦は全社員を集めた。外壁がベージュに塗られた本社ビル、その会議室に全社員が集まっていた。取引先に常駐している社員も出社したため、会議室は人が溢れるほどになっていた。

会議室の窓から見える空は、昨日からずっと曇ったままだ。

「実は……」

司会を務める古田が、一昨日、社長が亡くなったことを報告した。社員たちは突然の事態に呆気に取られたのであろう。一瞬の沈黙が訪れる。そして「これからどうなるんだ」、「会社は大丈夫なのか」といった動揺の声が広がった。「皆さん、落ち着いてください。次期社長が昨日、決まりました。これから発表いたします」

古田が落ち着いた声で、社員をなだめる。古田の視線が、隣にいる睦に向けられる。睦は思わず唾を大きく飲み込んだ。雲が少し切れ、窓から光が差し込み始めた。

「次期社長は、社長の息子でもあります、長島睦が務めることとなりました」

古田は睦を紹介した後、マイクを睦に渡す。

「皆さん、父親でもある前社長の遺志を継いで、社長に就任することを決意いたしました、長島睦です。皆さんと力を合わせ、会社を成長させていきたいと思います。そして、今よりも、もっと皆さんが幸せになる、そんな会社を目指します。一緒に頑張りましょう！」

睦は、緊張しながらも、ハキハキとした声で全社員に向けてメッセージを発した。

「はい！」という声とともに大きな拍手が起こることを期待していた睦は、次の瞬間、唖然（あぜん）とした。自分の顔が強張っていくのがはっきりと分かる。

満員で暑いくらいになっていた会議室。そこの空気が一気に冷却されたかのように、冷めた雰囲気が、睦の目の前に漂っていた。

「あの人だれ？」「社長の息子って、入社してたんだ。知らなかった」

そんなヒソヒソとした声も聞こえてくる。

睦はまだ入社して二年にも満たない。さらに、ただ一人の営業担当であったため、幹部以外の社員とのつながりも、まだ希薄ではあった。とはいえ、あまりにも薄いというか関心のない社員たちの反応に、睦は茫然（ぼうぜん）としていた。

先ほど差し始めた日の光も、また雲に隠され、会議室はさらに暗くなる。

「発表は以上です。社長が交代したとはいえ、皆さんの業務はいつも通り変わりません。よろしくお願い致します。では解散します」

古田が、睦の手からマイクを取り、そう言葉を発した。

皆、睦の方を見ることもなく、会議室から出ていく。その中の数人の社員が睦の方に向かってきた。そして、隣の古田に声をかけた。

「古田さん、取引先への対応どうしましょうか」

古田がその社員数名と話をしているのを横目に、睦はそっと会議室を出た。

(まあ、経験も実績もない私が社長って、急に言われてもな。無理もないか……。これから、しっかりとやっていくぞ)

不安を拭い去るように、気合いをいれた。

どうなる、二代目社長

そんな社員からの冷ややかな反応を挽回しようと、睦が社長就任後にまず行ったことは、経営の勉強であった。社内は幹部も含めて技術者集団であるため、答えを外部に求めた。様々な経営の本を読み、いくつもの研修やセミナーに通った。さらに、分からないことや疑問に思ったことは、父親の知り合いの経営者や事業パートナーの方々を訪れ、相談した。

なんとしても父親が創ったこの会社を潰してはならない、立派な二代目になってやる、そして、今までよりもさらに社員が幸せを感じる会社にしてやる、その一心でがむしゃらに仕事を進めた。そして、三年の月日が流れた。

「社長、今期の最終売上げがでました。六億円です！」

睦は幹部との経営会議に出席していた。そこで、売上げの報告が上がる。

「本当か！　やったな」

睦は満面の笑顔。古田をはじめとして、出席していた幹部たちも、もちろん笑顔だ。会議室の外には満開の桜。春の日差しが眩しい。

「社長が就任してから、三年連続、増収増益ですね」

ある幹部が言う。睦が社長に就任する前の売上げは二億円。それが三年間で三倍の六億円にまで伸びていたのである。

「ありがとう。まあ、病院のシステム関連の仕事を取れたのが大きかったですよね。そして、その仕事を見事にこなしてくれた皆さんに、本当に感謝です」

古田も満足そうに頷く。

「では、皆さん、次の議題の件、こちらも進めてよろしいですね」

睦は、この流れに乗って、話を切り出した。

今までの盛り上がりが嘘のように、一瞬で、幹部たちの表情が曇る。

「……新規事業の件ですよね。皆とも話し合ったのですが、ここまで急いでやる必要はないかと」

幹部の一人が発言した。

「だから、以前から言っている通り、今の病院関係のシステム開発だけでは、いずれ行き詰まるのは目に見えています。業績のよいこのタイミングで、一気に新規事業を始めたいんです」

睦が熱く語る。

「新規事業を検討した方がよいのは分かっていますよ。ただ、あまりにも業界が違いすぎますし、それに割ける人手もありません。今の大きな仕事が一段落してからでもよいのではと、言っているのです」

古田が、睦の目を睨むように反論した。

「確かに、もう少し準備をした方がよいのではないでしょうか？」

他の幹部からも、声が上がる。

睦が提案していた新規事業は、エステ業界への進出、エステ関連のシステム開発、エステ店の多店舗展開である。睦は、新規事業開発セミナーやそこで知り合った経営者仲間とのやり取りから、この新規事業を進めるべきだという結論に至っていた。

「自社の持つノウハウを、別の業界に応用する。これが新規事業を立ち上げる一つのポイントなんです。個人情報を扱う点では、病院もエステも同じでしょ」

睦はセミナーで習ってきたことを幹部たちに語り続ける。

「医療とエステなら、シナジー効果が見込めるんです。シナジー効果、簡単にいうと相乗効果です。分かりますか？　経営判断はスピードが命です。今、始めるべきです！」

持論をたたみかける睦。幹部たちはお互いに顔を見合わせる。

「社長がそこまで仰るんでしたら、やられたらいかがでしょうか。ただ、我々はどこまで協力できるか約束はできませんが」

古田が、重い口を開いて言った。

「分かりました。ありがとうございます」

睦は安堵の笑みを浮かべて、そう言った。

経営会議が終わり、幹部たちは渋い顔をしながら会議室を出ていった。睦は一人残り、窓から桜を眺めていた。

（今回の新規事業、未経験・未知の部分は多いが、それはこれまでの三年間も同じだ。この三年間以上に、もっと売上げをあげて会社を大きくしてみせる。幹部たちにも、自分を社長

就任当時の長島

だと本当に認めさせるチャンスだ。きっとうまくいく）

窓の外には青い空が広がっている。睦の明るい前途を示しているように感じながら、会議室を出てドアを閉めた。

しかし、その直後、強い風が吹き、会議室の窓から見えていた桜が一斉に散り始めた。

新規事業挑戦の結果

「原因はなんだ？」

「誰が悪いんだ？」

「社長が経費を使いすぎているのが悪いんですよ！」

「いや、開発スキームが悪いんじゃないのか」

「なんで、営業は売ってこれないんだ！」

犯人探し、責任のなすりつけ合い。幹部たちと睦は、険悪な表情で睨み合う。

一年前に売上げ六億円の報告を全員で喜んだのと同じメンバー、同じ会議室で、経営会議が行われていた。

睦が半ば強引に始めた新規事業は、最初こそ、ある程度の売上げが出たものの、その後、苦戦が続いた。そして、エステ事業での赤字は、約一億円にまで膨らんでいた。

この業務改善を議題とした経営会議は、朝から、昼食タイムもなく、トイレ休憩すら挟まずに夜中まで続く。そして、結局なんの解決策も見出だせないまま、重苦しい空気の中に解散。こんな日がもう三日も続いていた。

「なぜわかってくれないんだ!?」

「お前が悪い！」

罵声が飛び交う怒鳴り合い。それはまるで、子どものケンカのようであった。

この日も、改善策の糸口すら見いだせず、午後十時を過ぎた。また明日もか……、という暗いムードが立ち込める中、古田が突然、立ち上がった。そして、睦の顔に刺さるかのような鋭い視線を向け、重い声で言った。

「社長、この新規事業から撤退しましょう。今なら、会社は、これまでの利益を吐き出すだけで、負債を抱えずに済みます」

（負債……か）

その単語から、「借金は悪」だと忌み嫌っていた父親の姿が思い浮かぶ。

（自分のせいで、父さんがあれほど嫌がっていた負債が生まれてしまうのか。父さんは絶対に喜ばないだろうな……）

俯（うつむ）いて考える睦。顔を上げると、幹部たちの（先代の言ったことだけしていればいいのに、余計なことしやがって）という視線が突き刺さる。

もちろん一代でこの会社をここまで大きくした父親には及ばないだろう。それでも、なんとか父親が創り上げたこの会社を守りたい、そして、さらに大きくして、幹部や社員を幸せにしてあげたい。そのために、なんとしてもこの新規事業を成功させたい。そういう気持ちで頑張ってきた。しかし……。

（何のために、一体誰のために頑張ってきたんだろう）

全身から力が抜けていく。なんとか口を開いて、消え入りそうな声で言った。

「し、仕方ない……。て、撤退しましょう」

睦が新規事業撤退を決断した瞬間、幹部たちは、溜め息とともに席を立ち、睦を一瞥（いちべつ）もせず重い足取りで会議室を出ていった。

睦は、放心状態で会議室にそのまま座っていた。ピピと時報が鳴る音で我に返る。

（もう十一時か……）

重い体を引きずるように会議室を出て、自分の部屋に戻ろうと廊下を歩く睦。途中の部屋から、幹部たちの話し声が聞こえてきた。

「二代目にも困ったもんだな。去年まで業績が良かったといったって、もともと、先代が段取りしていたお陰で取れた仕事なのにな。勘違いもほどほどにしてほしいよ……」

睦は思わず、両手で耳を塞いだ。そして、自分の部屋にも寄らず、慌てて会社の外に出た。そして、人目をはばかるように道の隅を通り、背を丸めて帰途についた。

もがく睦

「なぜ、皆、わかってくれないんだ」

睦は、営業で外回りをした帰り道、会社近くの公園のベンチに座り、コンビニで買ったコーヒーを飲みながら呟いた。

新規事業の撤退で一億円の赤字を出した後、既存事業でも取引先の契約期間満了などが続き、会社の業績はどんどん悪くなっていった。睦も頑張って営業をしていくものの、数字が上がらない日々が続く。

それでもなんとか会社を立て直さなくてはと、営業やマーケティング、コミュニケーション、組織作り、マネジメントなど、さらに色々なメソッドを学び、良いと感じたものを、会社に取り入れる努力をしていた。

費用対効果を最適化するためのセミナーに参加し、それをメディアラボに当てはめると、古田がトップを務める部署が足を引っ張っていることが明らかに分かった。このため、その現状を古田に提示し改善を提案した。しかし、まったく取り合ってもらえなかった。

睦が頼み込んで、半ば強引に古田とその他の幹部を同じセミナーに参加させてもみたが、体制は全くと言っていいほど変わらなかった。

古田たちは、新規事業の失敗から、初代社長の進め方が正しく、睦の言うことは悪だと決めてかかっているようであった。

(そりゃ、先代に比べて自分は信頼を置けないかもしれない。でも誰も、この会社を継ぎたくないっていうから、社長を引き受けたんじゃないか。それを分かっているはずなのに、なんで全然、歩み寄ってくれないんだ)

そんな、行き場のない気持ちが、睦の中に積もっていく。

(古参の幹部との関係は、もう、どうしようもないかもしれない。でも、他の社員たちとの

関係はなんとか良くしたい）

睦は、幹部以外の社員に対して、モチベーションが上がるように、意識改革に力を入れた。

例えば、当時はそれぞれが自由にやりすぎて、社内がごちゃごちゃしている感じがしていたので、オフィスを整理整頓し、メンバーの意識を揃えるために、オフィスにありとあらゆる物の置く場所を統一管理する「定位置管理」を導入したり、開発部署の人にも営業の考えを持っておいた方が売れると思い、エンジニアにも営業研修を受けさせるようにしたり、これをすれば会社が良くなるだろうと思うものは、なんでも取り入れた。

しかし、社員のモチベーションは上がる気配を見せなかった。

「なんで、こんなことになるんだ……」

睦は昨日、なぜ社員のモチベーションが上がらないのか、ヒントを求めて社内を巡回したときのことを思い出した。

ある部署を巡回した際、定位置管理ができておらず、ペンが雑に置かれている机があったので、

「ペンの位置がズレているよ。配置の乱れは心の乱れだ」

と指摘した時のことである。

その社員は、すみませんと素直に頭を下げ、机を整理整頓した。睦はそれを確認して部署

を出た。その後、先ほど睦が指摘した社員の声が聞こえてきた。

「こんなルール必要なのか？　意味がわからない」

それだけであれば、まだよかった。それに呼応するかのように、他の社員からの声が続いた。

「本当に毎日のように支離滅裂なメソッドを仕入れてきて、我々に無理やり押し付けるのはやめてほしいよなぁ。社長の姿は、まるで、人を不幸にする様々な武器を売り歩く、武器商人のようだよ」

「そうだよなぁ。先代の社長みたいに、実績や経験に基づいたメソッドなら、受け入れられるけどさぁ。なんか薄っぺらいんだよね」

「これ以上、不幸な犠牲者がでなければいいですけど……」

睦の社員への気持ちは全く伝わっていなかったのだ。いやむしろ、逆に働いていたのだった。

(実績や経験なんか、あるわけないだろ。突然、社長を継がざるを得なかったんだから。それでも、皆のために、成功している人たちの良いメソッドを一生懸命学んで会社を良くしようとしているのに……)

睦はその情けない気持ちをもみ消すような想いで、持っているコーヒーを一気に飲み干した。

「なんで皆、わかってくれないいんだ。一体、これからどうしたらいいんだ…」

幹部からの信じられない提案

業績は相変わらず低迷したまま、今後どうやって幹部や社員と接していったらよいのか解決の糸口すら見つからない。そんな状況が続くある日の夕方、幹部の三人が、睦のデスクにやってきた。

「社長、私たちからご提案があります」

彼らは神妙な面持ちでそう言うと、返事を待たずに話を始める。

「今、営業コンサルについてもらっている方ですが、彼が入ってから、業績が順調に伸びています。ですので、彼に会社の顧問になってもらい、経営のさらなるアドバイスをしてもらってはいかがでしょうか」

睦が少し前に営業ノウハウのセミナー講師に呼んだ鬼塚二郎という男を、メディアラボの顧問にしようという提案である。確かに、業績は少し持ち直してきてはいた。

「顧問というのは、どういうポジションなのですか？」

睦は単純に疑問に思ったことを質問した。

「こ、顧問というのは、我々が経営方針などで、た、例えば、どこに進むか迷ったときに、その進む方向の、ま、まあ舵取りをしてくれる存在です」

妙にたどたどしく、幹部の一人が答えた。別の幹部がそれに続く。

「鬼塚さんの顧問就任の件は、古田さんも歓迎しております」

今度は、妙に堂々とした態度で、その幹部は話した。

その態度と雰囲気から、睦は、幹部たちが、社長である自分ではなく、鬼塚に頼ろうとしていることをはっきりと感じた。

鬼塚を連れてきたのは確かに睦ではあった。しかし、それは営業指導の一環として、ほんの数時間セミナーをしてもらうためだけだった。鬼塚には、自分自身を良く見せようという雰囲気があるのを、睦はなんとなくではあるが感じていたため、会社の経営に関わらせようなどという考えは、一切、持っていなかった。

(古田を中心に、自分を排除しようとしている)

睦は、直観的にそう感じた。

(どれだけ私をバカにすれば気が済むんだ)

睦の頭には血が上り、怒りに震える自分を感じた。しかし、それと同時に、

(もう限界だ。どうにでもなれ。何をしても裏目にでる……)

気力は、底をついていた。睦は、力なく答えた。

「わかりました。進めてください」

ここは誰の会社なんだ？　睦の葛藤

鬼塚が顧問に就任してから、確かに数字は回復しつつあった。ただ、そのやり方や目指す方向性は、睦が思い描く会社の運営方法とは異なるものであった。

睦は、社員が幸せに働くには、自発的にやりたいと感じて、前向きに働くことが必要だと考えていた。そのため、モチベーションを高めて自発的に動ける人を増やせるような仕組みや、考え方を会社に導入しようと頑張ってきたのである。

しかし、鬼塚は断言した。

「社長、そんなことだからダメなんだ！」

トップダウン式に厳しい態度で、社員に接することを推奨したのである。

数値目標を高く設定して、厳しいノルマを課す。ノルマを達成できない社員や、モチベーションが落ちている社員には頻繁に電話などで連絡し、無理矢理やる気を出させる。社員同士が馴れ合いの関係になるのではなく、競争し合う空気にする。社長の命令に対してすぐ行動できない人は切り捨てる。

そんなやり方を、鬼塚は睦や幹部に要求した。古田をはじめとした幹部たちは、このやり方を受け入れた。かつての父親のような頼れる強いリーダーを、皆は求めていたのだろう。

しかし、睦は、そんなやり方を社員に強いたくはなかった。父親に誓ったように、今よりも社員がもっと幸せを感じるそんな会社にしたかった。ノルマを達成できないからといって、誰一人切り捨てたくはないというのが睦の本音であった。全員で良い会社を作りたいと思っていた。

しかし、そんな理想を掲げたにも関わらず、実際は皆を引っ張ることができていない。自ら業績を悪くして社員を苦しめ、信じてついてきてもらうこともできなくなっている。

それとは対照的に、鬼塚のやり方で、売上げは回復してきている。

(売上げが上がれば、社員が幸せになる。いくら理想を掲げても、数字を上げられなければ、なんの意味もない。逆に苦しめるだけだ。実際、自分は、人を不幸にする武器商人と社員から言われていたではないか……)

毎日、ふと気づくと、そんな声が睦の心の中から聞こえていた。

そして、睦が社長就任から頑張ってきた何かが、毎日、少しずつ、静かに崩れ去っていく。

(自分はいなくてもいいんだ。会社がうまくいっていれば、それで十分だ……)

気づけば、そんな想いが睦の体中から溢れていた。

自信喪失、そして出社拒否

顧問となった鬼塚は、その後も、どんどん関与する幅を広げていった。

睦が作成管理していた経営計画や数値目標も、いつの間にか鬼塚によって修正された。幹部たちは、それに基づいて業務を進める。さらに、成果が出ない社員に対して、鬼塚が直接、個別指導をすることも増えていた。

睦は、たまたま通りかかった会議室の小窓から、個別指導を行っている鬼塚と社員の様子を見ることがあった。テーブルの上に管理シートやリストなど、何枚もの紙が広げられ、厳しい表情の鬼塚の前で、うつむいて小さくなる社員の姿が見える。

(これは、本当に会社や社員のためになっているのだろうか)

その状況をみて、睦にそんな疑問が湧く。しかし、その直後、ある感情が襲ってきた。

(これは、本来、社長である自分がやる仕事ではないか。それなのに、傍観(ぼうかん)しかできない自分がいる。経営計画や目標を変えられても文句も言えず、幹部にも社員にも信頼されていない。自分は会社にいる意味があるのか？）

この頃から、自分は会社にいる意味がない、会社に必要でない人間だ、そんな感情が常に頭を駆け巡るようになった。

そして、朝、会社の前まで行って扉を開けようとすると、体がそれを拒否するようになった。大きなため息も自然と出る。鬼塚や幹部と顔を合わせたら文句を言われるのではないか、社員の陰口がふと耳に入ってしまうのではないか、と思うと体が震えた。

この状況から逃れるため、睦は「忙しいから会社に居る暇はないんだ。外で仕事をする」ということにして、「外出」することが多くなっていった。

早朝、誰もいないオフィスに出勤し、カードリーダーに出社した記録を残し、そのまま、社員が出社する前に外出する。そして、会社近くの公園や喫茶店でパソコンを開き仕事をする。全員が帰宅したころを見計らってオフィスに戻り、カードリーダーに退社した記録を残す。

そんな生活を送るようになったのであった。

出社拒否の行く末

「あれ？　珍しいな」

夕方、いつもの公園でパソコンを開いて仕事をしていた睦に、中堅社員の一人からメールが届いた。空に浮かぶ雲が夕焼けに照らされ、綺麗に輝いている。

（もしかしたら、感謝のメールかな）

売上げ目標が未達になりそうだという連絡を一週間ほど前に受けた睦は、必死で営業に回り、目標を達成できるくらいの案件を受注した。それを、先ほど幹部たちに報告したところである。

睦は、最近では珍しく、かすかな笑みを浮かべながら、そのメールを開いた。

「社長の席を無くします」

メールのタイトルにはそう書かれてあった。睦は、どういうことか分からず、慌ててメール本文に目を移す。

「オフィスをフリーアドレス化することになりました。固定席を無くすので、社長の席というものも廃止させていただこうと思います。社長は会社にいらっしゃらないので、机も、むしろ要らないですよね」

睦の目の前が真っ暗になった。

（そりゃあ、会社には居ない。居ないけれど、一応、社長だぞ）

目の前の暗闇に、めらめらと怒りの炎が立ち昇る。

（そんなに自分は邪魔者なのか、そんなに必要とされていないのか。こんな会社どうにでもなったらいい！）

――いいよ。私の席、無くしてくれ
怒りに任せて、睦はメールに返信した。

（なんで誰も分かってくれないんだ……）

そのメールを送信した後、怒りの炎を消火するように、睦の目から涙が流れ始めた。今日の昼、喫茶店での出来事が蘇る。

いつも通り、会社近くの古びた喫茶店で仕事をしていると、あろうことか、社員のひとりが取引先の人と入ってきて商談を始めたのである。

（こんなところを見られたらダメだ。隠れなければ）

睦は、見つからないように細心の注意を払いながら、パソコンと鞄を抱えて、彼らから見えない席にそっと移った。そして、トイレに行くことも出来ず、会計をすることも出来ず、じっと身を潜めたまま数時間をやり過ごしたのであった。

（こんな状態にいつまで耐えられるんだろう。もう、どうにもならない気がする……。打開策など、この世に存在するのだろうか）

睦は、両手で頭を抱え俯く。

日が沈み、暗闇が睦を包み込んでいった。

第2章　社長自身が変わり、幹部と魂の同志になる

救いの神？　との出逢い

この八方塞がりの状況は、どうにもならないだろうという諦めの気持ちはありながら、このままではいけないという想いもあり、睦は、色々なセミナーや勉強会に参加することだけは続けていた。その中に、知人の経営者の紹介で通うことになった勉強会があった。ワールドユーアカデミーである。

初回の二日間研修会に、まず参加した。いつも参加しているようなセミナーとは違い、コミュニケーションなどに中心をおいた研修会で、すぐに会社に導入して業績をあげられるようなノウハウ（＝武器）もなく、睦にはあまりピンとくる内容ではなかった。

しかし、他のセミナーには無い雰囲気をなんとなく感じた睦は、その後の毎月の研修会に

も一応、参加していた。ここに解決法があるなど期待したわけではなく、(会社には行けないし、通える場所があり、少しリラックスできたり、さらに使える情報が手に入ればまぁいいか）というような感じだった。

そして、ある日の研修会。いつものように、ぼーっと話を聞いた後、今日も会社にすぐに導入できそうなノウハウはなかったなと思いながら、研修室を出ようとした睦に、

「むっちゃん、ちょっと待って」

講師をしていた仲村恵子さんが、笑顔で、声をかけた。

「なんでしょう。今日も、よい学びができました。ありがとうございます」

無表情のまま、力なく、いつも通りの受け答えをする睦。先ほどの笑顔から一変し、睦と真剣に向き合おうとするような表情になった恵子さんが言う。

「今度、屋久島でやる研修会、必ず参加しなさい。必ずよ！」

いつもの柔和な語り口と異なる、鋭い言葉に、

「は、はい。参加します」

睦は、思わず答えていた。

仲村恵子の所見「創業社長と二代目社長　～殿様と侍～」

ワールドユーアカデミーの志経営勉強会は、毎月二日間の学びから始まっていく。新時代に合わせた志経営とはいったい何なのかを、様々な体験を通じて学び、全体を把握してもらうために、最初の二日間は体験入学できるようになっている。

そのプログラムに、古くからワールドユーアカデミーのメンバーである山崎文栄堂の社長、山ちゃんの紹介で、むっちゃんと出逢うことになった。

一年間を一緒に学ぶメンバーとの懇親もあって、この二日間はビル最上階の海が見渡せるレストランで、東京湾を眺めながらランチを共にすることにしている。

テーブルにつくと、偶然私の目の前に座った若い経営者がむっちゃんだった。気を付けないと椅子からお尻が滑り落ちるのではないかと心配してしまうほど、体を斜めにしたスタイルで背もたれに体を預けて座っていた。目の下にクマが出来、昨日も眠れていないのか、覇気がなく顔色も悪い。

大きな瞳が虚しさにつつまれたようなむっちゃんを前にして、せっかく一緒に食事をするんだから、少し声をかけてみようと思った。しかし何を聞いても上の空、まるで音楽が流れ去るのを聞いているかのようだった。最上階のレストランから一八〇度展望が拡がる空や、飛び交うカモメ、真昼の太陽が千の星を散らしたように輝く海を、目を細めながらぼんやり眺めていた。

「ねぇむっちゃん、仕事楽しい？」

「はい、そうですねぇ、楽しいですよ……」

「むっちゃん、社員と上手くいっている？」

「はいそうですね、おかげさまで何とかやっていますよ……」

「むっちゃん、眠れてる？」

「はいそうですね、まぁ寝ていますよ……」

楽しそうでも、上手くいっているようにも、眠れているようにも到底思えなかった。

（これはだいぶ、ややこしくなっているなぁ〜）

現状の課題の解決法がわからず、いじくりまわして、混乱してもつれた思考の糸。それなら、いっそ諦めて会社ごとどうにでもなれ、と投げ出してしまおうかとも考える。でもそれもできないこともわかっている。自分だけなら出ていくことなどたやすいだろう。皆の会社、父が築いた大切な会社だから、思考がまた巡ってこじらせている。

そんな感じだった。

（これはまた時間がかかりそうだなぁ〜）

新たな挑戦だと思った。
（むっちゃんが自分の魂の声を取り戻し、いつの日か、その大きな瞳が輝きますように）
そう思った出逢いだった。

毎月の研修を通じてむっちゃんの話を聞いているうちに、何がどうなってこうなったのか、段々と霧が晴れてきた。
（なるほど、そんな状況ならこうなるだろうな）とうなずくたびに、思考のこじれた謎が紐解けていく。

何事にも専門家はいる。お料理の専門家なら「こんな風に固くなるのは火を通しすぎたからだよ」とか、体の専門家なら「こんな体の使い方だから痛めたんだよ」とか、今の現状にいたるまで何かしら特定の行動のプロセスがあることがわかる。理由がわかれば改善することができる。

会社経営にも専門家はいる。二代目・三代目の経営者が陥りやすいパターンを参考にして、解決の糸口を提示する。一人のリーダーの物語が、課題解決法の一つのひな型になればと関わる。

私の前に来る経営者のほとんど、特に二代目三代目は、偉大な父が残した会社をなんとか引継ぎ成功させたいと思う、善きリーダーばかりだ。会社を売りもせず、諦めもせず、借金をも引き受け、仮に今は成功していても今後はどうなるのかと未来に対する不安も同時に引き受け、孤独にも耐え、それでも前を向こうとする。

何も無いところから明確な志を持ち叩きあげてきた、創業社長のリーダーシップで出来上がった会社の中に、ポツンと新社長が飛び込んだら、よほど優秀か効果的な戦略がないとまとめられないだろう。

上手く行かないことが起こるたびに、社員同士が酒を飲みながら、「前の社長は良かったのになぁ〜」と、つぶやいてしまう。

そういえば数多くの会社のサポートを手がけてきて、間に合わなかった企業との出逢いを思い出した。

ある経営者から、「二代目の社長なんだけど一度会って話だけでも聞いて貰えないかなぁ、大変そうなんだよ……」と紹介していただき、ホテルのロビーでその二代目社長と話したことがある。

待ち合わせの場所に、少しうつむき加減で恥ずかしそうに三十代の経営者が時間どおりに現れた。

「はじめまして仲村恵子です。お役にたてるかどうか分かりませんが、今どんな状況か伺ってもいいですか？」

と挨拶した途端に不安が口から溢れ出た。

「先代を支えた最高齢の幹部から先日退職願がでました。このままでは社員が競い合って皆やめてしまう。どうすればいいですか？」

先代社長は豪快で、真夏の太陽のようなエネルギーを放っていた。そこにいるだけで自然と、この人がこの場のリーダーだと誰もがわかってしまう、そんなパワフルな存在だった。そして、この退職しようとしている幹部こそが、先代社長が息子を託した頼りになる存在だった。

「その方とは、まだ会えるんですか？　今すぐ電話してください」

ぼんやりする社長の電話をかりて、

「すみません、今すぐお会いしたいんです。お願いします」

とその場でアポイントをとって幹部に、会いに行った。

「なんとか社長を守ってもう少し、せめて二〜三年ここにいてくれませんか。私も何かのご縁なんです。本気でサポートしますからお願いします」

社長に「はじめまして」と言った三時間後、退職するという幹部に会うのも不思議だったが、何とかしたいと思っていた。

ここで一つ、むっちゃんの会社との共通点がある。

それは先代社長は周りの意見を聞くというよりも、明確にビジョンを描き自分の意見をハッキリ伝える強いリーダーだったということ。

志が明確で指示命令が的確なリーダーシップの下で、社長が喜んでくれるなら、社長に認めて貰えるなら、社長の役にたてるなら、努力を惜しまないという幹部社員。強い「殿様」を守り、殿様の志を具現化することが、我が喜びのような「侍（幹部）たち」が自然に集まり育っていった。

仕事をするうえで行動の判断基準となる価値観がある。それぞれの企業がこの価値観によって、社内の雰囲気や色合いを創りあげている。

その大切な判断基準がトップが変わることで、変わってしまうことがある。例えば、「力強く達成していこう」という社長から、「皆で、楽しく話し合っていこう」という新社長のように。

アポイントをとって会いに行った退職するという幹部から聞いた話で、この会社には父親とそっくりな兄がいたという。しかし兄は、気が強くて先代社長とは意見が対立し続け言い争いが絶えず、ついに早々に独立し成功しているそうだ。この先代社長とそっくりな兄貴が帰ってきてくれれば良いのだが、弟が父から会社を受け継いだのだから仕方がない。

弟は兄とは正反対で優しく内向的で、父親の意見をよく聞いて会社を守ってきた。社長になっても明確な志があるわけでもなく、皆はどうしたいのか、相手が喜んでくれることが我が喜びなので「どうすればいいですか?」「皆の意見を大切に会社を運営したい」と社員の意見を聞こうと努めた。

「さぁ～ついてこい!」という大殿様から、「さぁ、皆さんどうしたいですか? 何でも言ってください」と聞かれても、社員は行きたい先など考えていない。別に考える力が無いのではなく、明確な志を持つのが得意でもお役目でもなく、彼らは殿様の志を具現化する実行部隊だったのだ。

退職する最高齢の幹部も、殿の思いを受けて「何とか、会社を守りたい、若い社長を立派に育てたい」と悪戦苦闘してきた。でも若社長が思うように育たない。

「社長なんだから自分の意見をハッキリ言えばいいんです。そしたら皆ついていきますから」なんども声をかけ、プレゼンテーショントレーニングに、話し方教室にまで通ってもらったが、あらゆる努力が報われない。

でも考えてほしい。若社長も明確な幹部の指示命令にきちんと従い、何とか皆に喜んで貰いたい、認めてもらいたいと努力を惜しまず行動しているではないか。

しかし、あいかわらず「どうすればいいですか？」と問う社長を前に、幹部は諦めの境地に至ったようだ。「自分には社長を育てられない」「彼は社長には向いていないのでは？」そんな声が冷たくひろがっていくのを止められない。

そして、次第にチームからやる気エネルギーが下がりはじめ、同時に売上げが急降下しはじめた。責任感の強い幹部は「自分たちは先代社長と共にやめるべきではなかったのか。私たち古株がいるから若者が育たないのではないかと話し合い、売上げが下がるなら会社で一番高額な給料をとっている私たち幹部から退職すべき、これが最後にできるご奉公だと決めたのです」と教えてくれた。

そして、「侍たちが居なくなるぞ……」と悲鳴が静かに拡がった途端、堰をきったように様子を窺っていた社員とお客様がなだれのようにいなくなった。百億の会社が瞬く間に十億になり、優しい社長は仕事を数人の社員に任せて田舎に引っ越してしまった……。

その後、風の便りでその幹部は、もの凄いワンマンでド迫力のある社長の会社にヘッドハントされたそうだ。

実際社長が育っていないのではなくて気質が違うのだ。「殿様」を守る「侍」が、殿に向いていないというのと全く同じことが起こっているに過ぎない。

むっちゃんは、父のように強いトップダウン型の研修を探しては、目の前の課題を解決する正しいメソッドを真剣に取り入れ、その結果社員から武器商人と呼ばれた。

良かれと思う懸命な努力に対して、侍たちは常に不満だった。いくら新しい仕組みを持ち込まれても、「殿様の言うことを我が事として戦いたいだけ」で、よその国の殿様の意見を聞く耳がないからだ。

そこで、幹部たちは明確な指示命令を出してくれる殿の代わりの鬼塚さんを会社に招き入れたのだった。「この人の言うことを聞けばきっとよくなる」と強いリーダーを求めたのだろう。強いリーダーがいる安心感で懐かしいコンフォートゾーンに戻れるよう、引き戻し現象が起きたに過ぎない。

むっちゃんには、「会社を守りたい」という炎が消えていなかった。もう少し出逢いが遅ければ、「自分ではどうしようもない……」と諦め、心身共に壊れそうになっていたかもしれない。

ただもう昔には戻れない。わかっているだろう、愛する殿様はもう戻ってはこない。代わりではだめなんだ。全員がむっちゃんを中心に新しい組織を創るしかない。

殿様のいた今までのやり方に戻そうとするのではなく、進むんだ。前に進むんだ。考え方をシフトし新しいチームを再構築するしかない。維持・破壊・創造が自然のサイクルなら、今こそ創造的破壊の時なのだから。

これから数年かけ、彼らはチーム一丸となって太鼓を叩き、最高の笑顔溢れる奇蹟の会社になっていく。今なら間に合う、大丈夫だよ、むっちゃん、やるしかないと心に誓った。

屋久島で本当の自分と出逢う

二〇一七年、睦は、屋久島での研修会に参加していた。屋久島の大自然に囲まれたホテルの会場に、二〇名ほどの経営者が集う。

恵子さんの導きに従い、自分自身をひたすら見つめ直す。

なぜこんな現状になってしまっているのか。自分の気になる言動行動には、何か理由がある。それは自分の体験や経験が起因している。そこにはどんな癖や思い込みがあるのかに気づくための、内省内観というワークが始まった。

机の上の紙に自分の気になる行動パターンを書き出すなどして、自分の過去を振り返っていく。行き詰まったときは、この会場の窓から見える緑色の木々、青い空を眺める。

そうしていくうちに、睦の頭に、このワークが始まる前に言われた恵子さんの言葉が浮かんできた。

「むっちゃんはなんだか、あと少しで成功する、うまくいくという時になると、わざわざ自分から、上手くいかなくなる方向に進んでいる感じがしますね」

その時は突然のことでピンとこなかったが、確かにそういう行動パターンを取っている過去の自分が浮かび上がってきた。

(エステ進出が、この行動パターンの代表例だ……)

あのとき、父の残してくれた下地があったとは言え、本業の事業はうまく回っていた。だから、その本業に注力して進めていれば良かったのに、わざわざ畑違いの分野に手を出した。それも敢えて資金を投入して店舗を増やし、経営を難しくして、それで上手くいかないと大騒ぎをした。

なぜ自分はわざわざそんなことをするのか。上手くいかせたいと本気で思っているのに、なぜわざわざ困難を作り出すようなことをするのだろう。

その日、自分の部屋に戻った後も、机の上のメモと対峙し、夜中まで自分に問いかけた。

次の日の朝。いつの間にか眠っていた睦の顔に朝日が差し込む。

恵子さんのここまでの導きの時間が、何か形を結びはじめる。

そして、ある言葉が睦に降りてきた。

「かまってちゃん」

（そ、そうだったのか……）

両手で顔を覆った。

昨日、自分の過去を振り返って、自分は本当に人に恵まれていたことに改めて気づかされた。実際にトラブルが起きて大変な状況になると、いつも誰かが助けてくれた。上手くいかないことがあると「かまって」もらえていたのだ。

だから、かまってもらえるのが嬉しくて、かまってもらえる自分でいるのが好きで、上手くいかない方向に舵を切り、助けてもらえる状況を「無自覚的」に作り続ける、そういう行動をとるようになっていたのだ。

　エステに進出した時も、

「店舗ごとに状況が違うから難しい」

「従業員たちが、思うように働いてくれない」

などと周りに愚痴をこぼしては、そんな大変な状況の中で奮闘している自分に対し、

「大変だね」

「よく頑張っているよね。すごいね」

と言ってもらうことで、自分を正当化していた。

(本当に面倒な「かまってちゃん」だ……)

力なく立ち上がった睦を慰め元気づけるかのように、窓の外で小鳥がさえずっていた。

なにかが見え始めているのかもしれない……。

　その日も、内省内観ワークは続いた。浮かんできたキーワード「かまってちゃん」を頼りに、恵子さんに導かれさらに深く深く、自分を見つめていく。

朝から眩しい日差しを送り続けた太陽が西に傾き、空は夕焼けで赤く染まる。そんな時、また、ある単語が現れた。

「不安」

その単語が、ある男性の姿を浮かび上がらせた。その男性が冷たく失望に満ちた視線を睦に向ける。

「うわぁ」

両手で頭を抑えながら叫んだ。その男性は睦が証券会社に勤務していたときのお客様であった。信用して預けてくれていたそのお客様の五千万円が、リーマンショックの影響で、一晩で消えてしまったのである。

(あの時のように自分のせいで業績を悪化させたらどうしよう。会社を潰して、社員たちを路頭に迷わせてしまったらどうしよう。あのお客様の時のように、社員に責められたらどうしよう)

その不安から逃れるため、何か間違いのない絶対的なものを求めて、様々なツールやメソッド、時には権力など、いつも何かに頼って生きてきたことに、睦は気づいた。

さらに、以前に言われた恵子さんの言葉が浮かんだ。

「不安になるのは、自分がどう評価されるか、他人の目をずっと気にしているからかもしれ

屋久島で自分と向き合う

ない。今この場ではまだなにも起こっていなくても、過去や未来のことを考えているから不安になるのです。「嫌われたらどうしよう」という未来のことや、逆に「あの時こうしておけば良かった」という過去のことを考えていませんか？　例えば今ここで私と話していても、「こんなことを言ったら私にどう思われるか」と、先のことばかり考えているのではないでしょうか。つまり、むっちゃんはこの瞬間の、リアルなコミュニケーションをしていないということになるのかも」

図星だった、睦はハッとした。

自分が、悔やんでも仕方のないことや、まだ起こってもいないことに対して、頭の中であれこれ考える頭の中の住人だったことに、睦は気がついたのだった。

仲村恵子の所見「思い込みの癖と内省内観」

まずワールドユーアカデミーでは、自分の考え方をシフトすることを第1ステップと考えている。自分の考え方が変わらなければ、結局は結果が変わらない。

そこでむっちゃんの考え方で重要なのは自信を取り戻すこと。出来ても出来なくても、誰かに承認されなくても大丈夫、自分には価値があり大切な存在だと安心することが大事だった。「他人に認めて貰いたい」が発動すると、様々なややこしいことを引き寄せてしまう。「自分が知識的にも能力的にも、人が認めたくなるようなできる人にならなければいけない」という考え方では、他人の意見が気になって心が休まる暇がない。

まず内省内観に取り組みながら、自分がなぜ優秀でないと認めてもらえないのかという考えになったのかを問い詰める。誰もが心配してくれる状況に自分を追い込む行動も、その考え方は、なにが原因でいつからはじまったのか気づく必要があった。他人から見て「おかしいなぁ」と思うような行動も、実は自分にとって無意識的に得られるものがあれば、その言動行動はパターン化し繰り返してしまう。

そのパターンが発動すると、周りの人も反応的に同じパターンの関わり方を繰り返してしまう。泣けば抱き上げてくれると思えば赤子は泣き、大人はまた抱き上げるを繰り返すようなものだ。

そもそも、この内省内観の統合ワークを組み立てたきっかけは、人が悩み苦しむ理由について、お釈迦様のお話を学んだことだった。

生老病死という話は、皆よくご存知だと思うが、自分の思いどおりにならないことが苦しみの根源になっているという。では「こうあるべきだ、普通はこうだよね」という「思い通りにしたい」という考えは、いったいどこからやってくるのだろうか？

生まれてから今日まで、私たちは自分でよく考えて生きているように思っているが、果たしてそうだろうか。毎日考え込みながら生きていては、とてもくたびれてしまい大切なことにまで考えが及ばないかもしれない。

だから真っ白な集合的無意識というキャンバスに、どこで生まれてもその世界で無事に生き延びられるように、機械的、自動反応的にあらゆる考え方や、価値観の優先順位が決定し、それを行動に落とし込むために、信念という思い込みを、体の中にプログラミングしている。

あえて脳と言わなかったのは、熱い沸騰したヤカンに手を触れた時、よく考えずに手をひっこめるのと同じように、体もこの世界で生き残るためにあらゆる学習をしながら、体全部で反応しているように思う。

両親をはじめ、メディアから日々浴びる言語や五感を通じた体験から、普通や常識という考え方が作られる。例えば、「成功するには学歴が大事だ」がインストールされ常識になると、疑問を持つことなく、まるで機械仕掛けのように、お受験に子ども時代の大切な青春を使ってしまう。

そんな中、努力してもなかなか思いどおりにならない事が頻発し、生きるのが次第に辛くなった時、「どうすれば幸せに生きられるのだろうか……」と、ふと考える時が来たら、自分の世界観、常識をバージョンアップするタイミングかもしれない。

パソコンでも、現状とあわないと思ったら、システムをバージョンアップする。人間も年を重ねても考え方が、子どもの頃の初期設定では不具合も出てくるだろう。

時代に合わなくなった時の表現としては「どうせ無理」「仕方ないだろう」「なんで……なんだ」、今までの思考パターンでは「解決法がわからない」のだ。

今起こっている家族との関係や、会社での人間関係や、望ましくない行動を変化させて、素晴らしい結果を手に入れたいと思うのであれば、根源的な不具合の原因は、無意識的にくり返す機械的な反応だと気づき、根本的にシフトする必要がある。

意識的に社員に優しく出来ても、使い慣れた無意識的反応でついつい高圧的な言語で「だからお前はだめなんだ」と怒りをこらえて話してしまうと、循環する相互作用のなかで、「また、機嫌が悪いからそっとしておこう。やはり何も変わらない」と、本音では会話しなくなり、組織という名の表面上のお付き合いになってしまう。

理想とする未来があるならば、今の現実を引き寄せている自分の言動、行動を手掛かりに内省内観し、気になっていた反応と向き合い考え方をバージョンアップしよう。

実はシステムが変わると結果が変わる。つまり今までずっと悩み、「何故できないのか」と、回答のない苦しみから解放され、自然にできるようになってしまう。

内省内観は誰にでもできるが、その為の準備として、運動する前に固くなった体を、まるでストレッチして少しずつ可動域を拡げるように、固くなった常識や普通という考え方を柔軟にするために、毎月コツコツ、トレーニングが必要になる。

同じような課題を抱えた仲間たちと共に、こんな考え方もあるんだなぁ〜と学びを深め考え方を拡げていく。

内省内観に毎年参加される人も多いが、その理由はまるで別人のように使える機能が格段に進歩し選択肢が増えてしまうからだ。

そして、自分の過去の思い込みの次には、自分の現在の取り巻く世界からの思い込みにも目を向けなければならない。

「間違っていると思っても周りに合わせて行動しなければならない」と強く思えば、悪夢の連続になる。毎朝、目覚めるたびに、自分の制限の中で生きることになるからだ。「マスクを外すのがこわい」「お金があるけど無い」あらゆるタイトルの悪夢のような映画を、今日も明日も見続ける。

現実は太陽が輝き、あなたを愛する人はいつも周りにいるのに、自分の信じた幻想の世界が現実だと、朝起きるたびに今日も明日も自分が信じる世界の夢をみる。自分が信じ込んだ常識の世界を、現実であり真実と思っているのだから脱却法がわかるはずがない。

だからいつも、何年も超えられない同じ悩みを抱えてしまう。

例えば、「〇〇はどうせ無理だ」と思い込めば、その無理な証拠を集め、自分の考えを流布し他人にも、「〇〇は、無理だよね、だってさぁ……」と、同じ考えの仲間や情報を集めては補強していく。

〇〇の中には、何でもいいが、一旦思い込めば、考えが変わるまで行動に制限が入ってしまう。

以前、ワールドユーアカデミーに講義に来ていただいた素晴らしい先生がいらっしゃるのだが、彼の頭の中には「女性の経営者は苦手だ」という世界観があった。だから初めてご挨拶をしても、なぜか目も合わしてくれない。

思わず「女性経営者って苦手ですか」と聞いてみた。無言でコクリとうなずいてくれた。ちゃんと頭では偏見だと理解していても心がついて来ない。例えば子どもの頃からシイタケやグリンピースが嫌いという大人が今も食べられないのと、同じ無意識的な反応だから仕方ない。ここで怒る理由もないし、本人も変える気がないので、少し距離をおいて上手く付き合っている。

これがたまに会う人なら丁度いいが、万が一上司や部下、家族に嫌われたり、自分が日々会わなければならない人を嫌いになったら大変だ。解決の仕方がわからない不毛な忍耐の世界になってしまうだろう。

会社に行けなくなる考え方、貧乏になる考え方、病気になる考え方、上手く行かない考え方は存在し、「そうだよね。大変だよね」と共感する自分たちの常識という考え方の人が集まり、コミュニティを創りあげる。そういう意味で同じような考えの人が周りに集まってくるので、全ては今の自分に丁度よいのだろう。

今回のコロナイベントに対しても、目覚めるたびに最多、最多、大変だとメディアが騒いだが、真実はどうなんだろうか？　私は反応的に信じるのではなく、立ち止まって学び、考え行動を選択していこうと決めている。誰が得をし、誰が損をしたのだろうか。どのようなプロパガンダがあるのだろうか。やられっぱなしではいかんと思ってしまう。自己催眠や集団催眠から目覚める方法を学び、共に今を生きようと祈る。

現状を把握しここから脱却するポイントは、自分の周りの人たちが信じる世界を俯瞰してよく観察してみよう。ある人にとって、「人生は忍耐と諦め」、ある人にとっては、「人生は冒険で楽しい」かもしれない。

どんな言霊(ことだま)を使い、何を引き寄せるのかは自由だが、それによって人生が輝いて仲間と共に幸せで楽しければいい。

しかし、もし同じ悩みから何年も抜け出せないなら、考え方をシフトしバージョンアップするタイミングだ。

住む次元によって常識は完全にシフトする。芋虫の常識と蝶の常識は違うのだから。

勇気を出して魅力的な仲間を探すんだ。試練は成長のチャンス、善き仲間と出逢えば現実は本当に楽しいし、想像以上に面白いのだから。

カナディアンロッキーへの挑戦

様々な気づきを得ていく睦に最後のピースを与えたのは、過酷な山登りであった。

睦は、屋久島でのワークの後、恵子さんの薦めもあり、ワールドユーアカデミーで定期的に開催されている登山のイベント、カナダのマウントテンプルへ挑戦することにしたのである。

マウントテンプルは標高が日本の富士山に近い三五四四メートル、カナディアンロッキーの高峰である。

このマウントテンプルの麓の宿舎に、睦を含め十数人のメンバーが集まった。

(あれに登るのか?)

睦の目に飛び込んできたのは、青い空を貫くようにそびえたっている幾重にも連なる急勾配の岩場だ。

　恵子さんによれば、登山は単に山を登るという行為ではなく、そこに人生を変える気づきがあるとのことであり、マウントテンプルへの挑戦は、屋久島での気づきをさらに深め、自分のものにするチャンスとのことであった。

　睦は、屋久島で浮かんだキーワード「かまってちゃん」「不安」「頭の中の住人」から脱却し、現在の会社と自身の状況をなんとか打破したいという決意で臨んでいた。しかし、そんな決意がたちまち崩れてしまいそうなくらいの断崖絶壁である。

（登り切る自信がない……。もし自分だけ登れなかったら、みんなからなんて言われるんだろう……）

　睦はそんな想いに包まれながら、翌朝、まだ空が暗いうちからメンバーたちと共に登山に臨んだ。

　ごつごつとして歩きにくい岩場を越えたかと思えば、ロープを頼りにロッククライミングのように切り立った崖を登る。

　想像をはるかに上回る急峻で過酷な登山。背負っているリュックサックが歩数を重ねるごとに、みるみる重くなっていく。登山開始時は、笑顔で景色を楽しんでいた睦であったが、眉間に皺を寄せながら、ハァハァと荒い呼吸をしながら歩いていた。

(喉が渇いた……)

(膝が少しガクガクしてきた……)

(もうすぐ歩けなくなるかもしれない……)

睦の口から、そんな言葉が出そうになる。その度に睦は自分に言い聞かせた。

(こんなセリフを口にしてしまったら「かまってちゃん」になってしまう)

睦は、奥歯を嚙みしめ、弱音を吐きたくなる口を固くつぐんで、前を歩くメンバーの背中をみながら無言で歩く。

果てしなく続く急勾配の山道。いくら歩いても一向に近づく気配のない山頂。遅れていくメンバーが少しずつ増えていった。後ろの方から聞こえてくる声に耳をすますと、下山をするメンバーも出始めている様子であった。

(体はどんどん重たく動かなくなってきている。自分もよく挑戦した。十分頑張ったよ)

そんな囁きが、睦の中から漏れだす。向かい風が強まり、土埃が舞い上がった。睦は思わず目をつぶる。

(もうそろそろ、限界がきたな……)

睦の頭が、そう呟いた。

「そろそろ辞め……」

睦が口を開けてそう言おうとした、その時。

「うわっ」

睦の少し後方を歩いていたメンバーが突然しゃがみ込んだ。足は痙攣していて明らかに限界を越えている様子であった。皆、その姿をみて、そのメンバーの方へ駆け出そうとしたその時、

「くそっ。悔しいけど、私はここで諦めます。皆、頑張って」

歪んだ顔で涙ながらに声を出すメンバー。震えが止まらない足を片手で抑えながらも、もう片方の手で、睦たちに向かって拳を振り上げた。

脱落せざるを得なかったメンバーの無念さ、悔しさが伝わってくる。

そして、このメンバーの分まで頑張ろうというパワーも、睦は受け取った気がした。

周りの皆も同じ気持ちだったのであろう。

「分かった。頑張るよ！」

睦も、皆も、涙を流しながら答えた。

(自分はまだまだ足も動くのに「辞めようかな」なんて言おうとしていた……)

苦しそうに座りこんでいるメンバーを目の当たりにして、睦は、自分の心を深く見つめる。

すると、「大丈夫？」と皆から心配してもらいたいという願望が、睦の心の奥底から現れてきた。

「かまってちゃん」が姿を現しそうだった。

(子どもの頃から、父親を始めとして、私を守ってくれる人がいた。そのおかげで私はなんとかやってこられた)

屋久島で内省内観ワークを行ったときにも浮かんだ、困った状況を周りの人に助けてもらった記憶が蘇る。

(でも……)

睦はカナディアンロッキーの景色を改めて見渡した。植物もあまり生息できない過酷な環境。遠くにみえる切り立った山々。そんな中に、睦たちはいた。

(もう「かまってちゃん」などという、誰かに守ってもらおうという甘えは許されない。しっかりと自立していかなければいけないんだ。過酷な大自然の中で試されている)

「よしっ。限界まで突き進むぞ！」

睦は、拳を握りしめて歩き始めた。

その後も、睦は何度も何度も辞めたいと思った。大げさではなく百回くらい「もう辞めます」と言いたかった。しかし、そのたびに「かまってちゃん」から絶対に卒業してやるという気持ちが湧き上がる。

睦は、なんとか自分を奮い立たせ登り続けた。

しかし、延々と続く急勾配の岩場、さらに悪天候で風も強まってくる中、残り二〇〇メートルで頂上という場所で、一歩を踏み出すのに何分もかかるほど、体力の限界に差し掛かった。あと少しのところに頂上が見えていても、あと何歩、歩けるのか分からない。

（今の体力からしたらせいぜい数歩しか歩けないだろう。到底、頂上には辿り着かないよ）

睦の頭がシミュレーションを始める。

「辞める」という三文字が睦の喉元まで出かかった、その時。

――あなたは、先のことばかり考えているよ。一歩一歩、踏みしめて、自分で決めた限界に挑戦しよう！

睦の耳に優しく語りかける、恵子さんの声が聞こえた。それに合わせるかのように、急に雲が増え、それまで見えていた頂上が霞んで見えなくなっていく。

（そうだ。先のことばかり考えていても仕方がない。今、この瞬間に集中するんだ。時間がかかってもいい。一歩一歩、何も考えずに、歩けるところまで歩いてみよう）

そんな気持ちが睦の中に芽生えた。

普段であれば苦労もなく乗り越えられる段差も、足が上がらず乗り越えられない。それでも睦は、上がらない足を両手に握りしめたトレッキングポールでカバーしながら、なんとか動かし、再び一歩を踏み出した。

それまでは、頂上ばかりを見ていた睦の視線は、今いる場所の一歩先を見るようになっていた。

（一歩一歩、限界まで挑戦する）

一歩進んでは、少し休む。そして、また一歩を踏み出す睦。

（あれ？）

もう数歩で限界だと思っていた睦であったが、すでに十歩以上歩けている自分に驚いた。

（恵子さんの言うとおりだ。これまでの自分は、先のことばかり考えて不安になって歩みを止めていたんだ。今の一歩に集中していけば、自分の想像を超えたところまで進むことができるんだ）

睦は、久しぶりに笑顔を浮かべた。

「うわっ」

その時、睦に突風が吹きつけた。睦はこらえきれずバランスを崩した。

（もうだめだ。ここが限界だ。でも、よく頑張った。「かまってちゃん」からはなんとか卒業できたかな。きっと、これまでの「不安」を作り出していた「頭の中の住人」も自分の中から追い出せただろう）

自分の体が力無くしゃがみ込んで行くスローモーションの中で、そんな言葉が浮かび上がる。

(限界だ。ここで辞めよう)

睦の心がそう言おうとした。

「大丈夫か！」

その時、睦の後ろを歩いていたメンバーが、睦を抱きかかえた。そして、肩で息をしながら、最後の力をふり絞るように、睦に言った。

「むっちゃん、あと少しで頂上だよ。私も限界だけど、だけど、一緒に、もう少しチャレンジしてみないか。二人で歩けば、もう少し歩ける気がするんだ」

「ありがとう……」

体力は限界のはずなのに自分を助けてくれて、さらに一緒に歩こうと言ってくれたメンバーの気持ちに、睦は目頭が熱くなるのを感じた。再び、少しではあるが、気力と体力が戻ってきた気がした。

「一緒に歩きましょう！」

睦は起き上がり、自分でも驚くような力強い声で言った。

こうして、睦は、メンバーと励まし合いながら、一歩、一歩、さらに歩みを進めた。時には声をかけ合いながら、時には肩を組みながら、急な斜面を登っていく。

（不思議だ。少し前に突風にあおられたときは、完全に限界だったはずだ。それなのに、今はまだ歩けている。一人では無理でも、仲間と一緒だと、ここまで限界を超えらえるものなのか。こんな感覚は初めてだ）

睦は、自分がまた少し笑顔になっていることに気がついた。

（登山を始めたときは、とにかく辛いが先にたっていた。岩場の段差が辛くて仕方なかった。それが、自分の限界に向き合い、そして、仲間と一緒にその段差を越えていくことで、なんだか喜びが湧いてくる）

こうして、数時間は経ったであろう。急に、睦の頭上近くに爽やかな風が吹いた。

「なんだか、急に涼しくなってきましたね」

地面ばかり見て歩いていた睦は、振り向いて、後ろにいる一緒に歩いてきたメンバーに話しかけた。

「おっ！」

睦の声に顔を上げたメンバーが急に驚きの表情とともに、声を上げた。睦も慌てて、前に向き直り、顔を上げる。

「わっ！」

あれほど急であった坂道が姿を消していた。先ほどの爽やかな風が再度、睦たちを包み込む。

睦たちは、マウントテンプルの山頂に辿り着いたのであった。

「やったね。おめでとう！」

すでに山頂に到達していたメンバーから歓声が上がる。

「やったー」

睦は、一緒に限界を超えて歩いたメンバーとハイタッチして抱き合った。

そして、その他のメンバーとも順番に抱き合う。

悪天候で頂上からの絶景を眺めることはできなかったが、それを上回る最高の仲間と見る最高の景色が、睦の目の前に広がっていた。

他人にかまってほしくて何かを始めるが、自信がなく、先のことを勝手に頭で考えて、不安に苦しんだり、諦めてしまっていた自分。そんな自分が、カナディアンロッキーの空へ消え去っていく、そんな感覚を覚えていた。

自然に涙が溢れる。

（一人では絶対に登れなかった。他のメンバーがいて、励ましてくれたり、「一緒に歩こう」と声をかけてくれたりしたから、山頂まで到達できた。いや、山頂に到達したこと自体にはあまり意味はないかもしれない。自分が、この挑戦を始めるまでに考えていた限界を遥かに超えるところまで来れたこと、これは凄い体験だ）

睦にそんな感情が浮かぶ。すると、笑顔の恵子さんの姿が脳裏に現れた。

「どんなに難しそうで先が見えないことであっても、自信がなく不安を感じることであっても、周りに同じ目的をもつ人がいてくれて、自分が辛くて苦しくても諦めずにやり続ければ、限界を大きく超えるところまで行けるんだよ」

（その通りだ。この気持ちと仲間がいれば、今の自分や会社の現状も、きっと打破できる）

マウントテンプル登頂（標高 3544m）

睦は、カナディアンロッキーのマウントテンプルの山頂で、すべてのことに感謝して合掌した。

仲村恵子の所見「登山研修、そして仲間」

これからの人生の土台となる新しい考え方を、五感を使って体験学習する必要がある。これは話を聞いただけでなんとかなるものではない。

そこでワールドユーアカデミーでは大自然の中で、経営者が新時代に必要な新たな考え方を体得するために、登山研修などを定期的に開催している。

自然の中で学ぶことは無限にあるようで感動

する。

そこで以前屋久島の登山研修が開催された時に、むっちゃんと徹底的に関わることに決めた日があった。このままでは会社が変わらないからだ。屋久島登山の時に、むっちゃんとずっと付き合って歩くことにしたのだ。

特に重要ではないどうでも良い質問を、どれだけむっちゃんがしてきても登って降りるまで延々と付き合うことにした。そこには優秀さも知識も能力もなにも必要ない、ただ自然の中を一歩一歩登山するだけだ。

「恵子さんこういう時はどうしたらいいですか？」

「こんな場合どうすれば一番うまくいきますか？」

「もし理解されなかったらどうしたらいいですか？」

それはね、こんな時はね、多分ね、永遠に続く対話だった。

実は中身は大した内容ではない。ただ今のむっちゃんに必要なのは、批判されず嫌われずなおかつ親身になって話ができる仲間がいることを体験してもらいたかった。

私は若いむっちゃんと違い、話ながら登り降りは相当疲れる。できたらもくもくと深呼吸しながら歩きたい。だけど今までの人生で私にも、こんな風に関わってくれたメンターとの出逢いがあった。自分でもつまらない質問をしていることぐらい分かっている。だけど大自然を歩きながら、常に穏やかに、「恵ちゃんそうだね、そうだね」とうなずいて聞いてくれた。まだまだ未熟な私に、温かな可能性を信じる眼差しで親身に寄り添ってくれるメンターと共に歩いているだけで、いつの間にか一人ではない安心感と自分にも何かできることがあるかもしれないと不思議に自信がわいてきた。

何か特別な答えなんて教えて貰わなくてかまわない。ただ傍に誰かが寄り添い続けることで、人は少し強くなれるのかもしれない。そんな経験がそこにあった。

これから始まる新時代の試練に、どんなことがあっても挑戦する力を身に付けてもらう必要があった。そのために必要なキーワードは仲間。

経営者チームはむっちゃんをはじめ、上下関係はわかるが、彼らにはどうしても背中を預ける仲間という感覚が欠落していた。それは理解できる。特に自分が将来の社長もしくは既に社長なら、社員が仲間になるはずがないと思うだろう。昔のピラミッド型経営の社長は孤独が一般的だ。

しかし新時代の重要ポイントは、時代の変化に対応するのは皆に応援してもらうワンチーム型経営だ。社員もお客様も仲間になっていく、まぁるいコミュニティーが重要になる。

しかし彼らは仲間が理解できない。そこでカナダの冒険が役に立つのだ。

さらに男性の多い経営者チームを育てていくのに、私の力だけでは到底できないことを充分知っている。新しいことへの挑戦、皆で助け合う仲間、共に感動し共に自分たちの足で登ったからこそ見える世界を共有していく。

カナダの登山経験で学ぶことは無限にある。

その中でありがたいことは、大自然は自分たちの思いどおりになることなど一つもないことだ。

やっと登頂してやれやれとお弁当を食べようとしたら、急に真っ黒な雲が覆ってくる。山岳ガイドの仲間たちが、「急げ降りるぞ〜」と大声をあげる。間髪いれずリュックの中や口の中に、おにぎりをほりこんで、一気に駆け足で移動する。突然雷が鳴り響き、轟音とともに氷がバラバラ降ってくる。大地からカチカチ氷が跳ね返ってくる。

「大丈夫か、荷物を持っていくよ、ほら手を出して……」

仲間の声が響きあう。足元を確認しながら最速で移動する。

「ねぇ、向こうの空をみてよ」

少し先の空は、雷雲の向こうにどこまでも透き通るような青さで遠くに太陽が輝いていた。

「さぁ、ここは雷が落ちると大変だ、安全な所まで移動するぞ」

走れ走れ、雲の谷間を超えると、急に大きな虹が両手を拡げ包みこむようにむかえてくれた。

「うわぁ～凄い……きれいだなぁ……」

大自然の前では、ちっぽけな誰が決めたかわからない社長や幹部や社員というカテゴリーは存在しなかった。

神様の世界と生かされている私たちがいるだけだ。

動物や自然ともドンドン仲良くなっていく。

生命の一体感、みんな生きている、この世界に活かされている仲間たち。

「ありがたいなぁ～、やれやれ仲間と一緒でよかったなぁ……、さぁ、皆おにぎり食べようぜ」

居心地のよい岩場を見つけて腰掛けながら、リュックからおにぎりを見つけてクスクス、しみじみ皆で大声で笑ってしまう。


この美しいロッキー山脈での冒険を通じて仲間ってどんな感じかがわかれば、次は挑戦だ。できることを続けるのも、達成できそうなことに挑むのも、私の中では挑戦ではないと思っている。

挑戦とはできるかどうか、分からないけれど自分たちだけの損得を顧みず、世のため人のため、神様にマルをもらえるようなことなら、魂の声に耳を傾けて、やってみようと行動することだと思う。

それに結果や答えが全部分かっている想定内を挑戦と呼ぶなら、想定内の人生なんて、ちっとも面白くないようにも思ってしまう。

例えば仕事ができる優秀な社員が役員（社長）にまで昇りつめて、仕事に何も文句がないのにやめたくなるのは、ため息が漏れ始める時からだろう。

「なんかつまらないなぁ〜、なんかいいことないかなぁ〜、俺の人生もここまでかぁ……」昇りつめたゴールの先に、豊かなお金と時間以外、挑戦が何も無ければ、「幸せな、こなし仕事」が待っている。

他からみれば羨ましい世界かもしれないが、挑戦する人生を生きてきた人は、見える景色、出逢う人、全てが変化していく面白さを体験してきた。

登頂するまでは大変だけれど実は最高に楽しかったのではないだろうか。

しかしもし次の挑戦をやめて山頂で、残りの一生を過ごせと言われたらどうだろうか？まだまだ人生という時間はある。まだまだ魂は燃えている。一番つまらないことは元気なまま挑戦をあきらめて、普通という名の人生を、通りすぎることかもしれない。

自分の人生の主人公を、誰かに変わってもらい、「もう成功したし、年をとったし、若いころと比べて体力も無くなった。やりたいことはできたから、俺はいいよ……」とつぶやいてみても、この物語は主人公が地球を去る瞬間まで続く。

主人公が話す最後のエンディングの一言がこの人生を物語るのだと思う。

だから登頂した人は、さっさと山を下りよう！

せっかく苦労して登りつめた山頂の先に、次の登山口はないのだから。ここが難しい。

普通は成功者のまま次の山に登りたい人が多いが、ロッキー山脈の山頂にヒマラヤ山脈の登山口はない。また一からチームを集め準備をして新たに挑戦する。

上手くできないことがある人生、常に新入社員の人生。これが最高に楽しい。だって挑戦し魂がドンドン成長し新たな仲間と新たな世界が拡がるのだから、やっぱり挑戦はおもしろい。

つまらない成功者になったら冒険をしよう！

そこで「せっかく地球に生まれてきたんだから、地球で学ぼう！」とお声がけし、皆で世界を冒険している。

そう思えるようになったのも、たくさんの先生や仲間のおかげだ。

若いころから経営者の私は、「経営者たるもの誰よりも勤勉に働くべきだ」と、自分のタイムスケジュールを、まるでテレビ欄のように真っ黒に埋め尽くしては安心していた。

しかもこのラットレースには終わりがなく、売上げ目標のために走り続ける人生に違和感を覚え、メンターと出逢い数々の真実を知りたくて学んだものだ。

学びはじめたころは、「忙しいことは良いことだ」「売上げをあげることが最優先だ」と考え、せっかく体験を通じて学ぶ内容も、自分に落とし込むというより、費用対効果を考えて、この内容を全部書きとめ社員に伝えるべきだと、体験するというより記録をしようと真剣に怖い顔をして学んでいた。

懐かしい思い出が山ほどある。

修行をはじめたころ、最初に出逢った青い瞳のメンターに笑顔で呼び止められ「恵子ね、十日働いたら十日休める。二十日働いたら二十日楽しめる。半年働いたら半年社会に貢献する。そんな人生になったらいいと思わないか」と声をかけられたことがある。

私が大切にしていた考え「真面目に人一倍、一生懸命に働く人生」を全否定されたような気持ちになり「先生は経営者でないから、そんなバカみたいなことが言えるんです。働いて生産性をあげてなんぼの商売でしょ」と本気で怒って突っかかったことが懐かしい。

でも怒りの中になんとも認められない憧れがあった。

(もしそんな人生が存在するなら……、そんな奇蹟がおこるなら……)

確かにメンターは世界中を冒険し、世界中に友達がいて必要とされ楽しく自然とも仲良く成功している。

自分がそんなふうになれるとは、とても信じられない。でも批判しながら心の中で知りたかった「世界中を冒険しなおかつ幸せに成功する方法」を。

気が付けば数々のメンターと世界中を冒険したくさんのことを教えていただいた。

今は、仕事はなぜか順調で上手く回って巡っている。毎年皆様のおかげで活動する範囲も社会貢献の内容も飛躍的に拡がっている。そのすべては、たくさんの仲間に応援していただき守っていただけるからだ。自分の会社という概念はもはやない。皆で創りあげるよきコミュニティが存在するだけだ。

それが誰にでも起こることも理解できた。

私は立派な生徒ではなかった。だから目の前に現れる経営者たちがどんなことをしても、例えば居眠りするとか、不満を言ったり、言うことを聞かないとか、「学び・考え・行動し未来にいかせるのかが大切」と言ってはみても行動が変わらないとか……、まぁまぁいろいろあるけれど、自分が過去にお世話になったことばかりだから、メンターに申し訳なくありがたく思い、怒らず微笑んでいられたんだと思う、この頃だ。そう思えば生意気な生徒でよかった。学ぶことが人より少し多かったかもしれない。

だからこそこう言いたい！

「カナダに行こうぜ！　ロッキー山脈を冒険しよう！」と。

むっちゃんは、不思議そうだがなぜか「いいですね。行きましょう！」と直観で答えてくれた。

この大きな瞳が、魂が目覚めキラキラ輝き始めている。

目覚め、そして神様のテスト

屋久島での内省内観研修、カナディアンロッキーでの登山研修を通じて、睦は、自分の中の「かまってちゃん」と「不安から、先のことばかりを考えている自分」をはっきりと認識した。

それを克服して明るい未来につなげていくためには、一歩一歩着実に進むこと、そして、同じ目的を持った仲間が本当に大切であることを実感した。

（とにかく、社員の皆と話がしたい。仲間になりたい）

睦は、そんな想いを抱きながら、空港で、日本に帰るための飛行機を待っていた。

（だが、長い間、出社拒否をしていた自分を社員は受け入れてくれるだろうか）

あいにくの天気で、空は厚い雲で覆われている。小雨で曇りがちなガラス越しに離着立していく飛行機を見ていると、そんな気持ちも少し湧いてくる。

「とにかく、会社に行きたい……」

その時、不意に、睦の携帯電話が鳴った。

電話をかけてきたのは、睦が採用を手掛けた二回目の新卒社員で、今はマネージャーとしてひとつの部署を束ねている渡口であった。

「社長……。社員十六人が辞めると言っています」

渡口の、どうしてよいか分からないという気持ちを押し殺すかのような、低い声が響く。

「十六人？　うちの社員の半分が辞めたいと言っているということか」

睦は、思わず携帯電話を強く握りしめる。だが、次の瞬間、

「原因は分かる？」

睦は静かに渡口に尋ねた。

(あれ。思ったより、慌てていないな)

渡口に尋ねながら、自分が意外と冷静でいることに驚いていた。

「実は……」

渡口は、周りを気にしているのか、声のボリュームを落として話し始めた。

睦がいない間に、鬼塚のワンマンぶりがエスカレートしていったこと。その指導に難色を示し拒絶する態度をみせた若手社員に、さらに圧力をかけたこと。その横暴に耐えかねた社員たちが、結託して一斉に辞表を提出したこと。

「もう、どうしてよいのか……、分かりません。なんとか、辞めるのは待ってもらっていますが」

渡口は少し涙声になっているようであった。

「すまなかった」

睦の口が自然に動く。

これまで自分に纏わりついていた不安や自信のなさが影を潜めているのに、睦はまた驚いた。

「みんな、夢や希望を抱いてメディアラボに入社してくれたはずなのに。私の弱さのせいで……。本当に、申し訳ない」

睦は、渡口に本心を素直に話す。そして、言った。

「帰国したらすぐ、会社に行くよ。そして、皆の意見をしっかりと聞くよ。もう一度、皆が良いと思える会社を作り直そう」

「本当ですか？　よろしくお願いします、社長！」

安心したのか、渡口の声のトーンが急に高くなる。

「こちらこそ。よろしく」

睦もひとまず電話を切った。それを待っていたかのように搭乗時刻を知らせるアナウンスが空港に流れる。

（よし、行くか。それにしても大変なことになった……）

飛行機に乗り込む睦の足取りは重かった。睦の脳裏に、出社拒否している自分を冷ややかな目でみる社員の姿が浮かぶ。

睦の乗った飛行機が曇天に向かって離陸した。

（これまでの研修で、様々な気づきと進歩があったのは間違いない。今も不思議とかなり冷静だ。だが、この緊急事態に、自分はどこまで対応できるのだろう）

心に、再び不安の種が芽吹こうとしていた。

「うわっ。眩しい！」

飛行機が雲を突き抜けた。

白い雲海の上に青い空が広がる。

窓から差し込む日光が、まるでスポットライトのように睦の顔を照らした。

――これは、むっちゃんが屋久島やカナディアンロッキーで得た体験を実践できるかの神

様のテストだよ
恵子さんの声が聞こえた気がしてハッとした。

睦の中に広がろうとしていた不安はかき消された。

「よし、新しい一歩だ」

睦はそう呟き、太陽に向かって小さくガッツポーズをした。

睦、出社する

「おはようございます！」

帰国した翌朝、睦はメディアラボに出社した。緊張はしながらも、大きな声で挨拶をする。

「……」

渡口の対応により、辞表を出した十六人を含めた全社員三十四人が出社していたが、睦の挨拶に返事をする社員はいなかった。睦の方に一瞬視線を向けただけで、皆、黙って俯いている。

（いまさら社長が現れたって、どうなるものでもない）

（この会社は終わりだ）

そんな闇が社内全体を覆いつくしていた。

（ここまで、皆、追い詰められていたのか……）

睦は、社員に申し訳ないという気持ちで奥歯を嚙みしめながら、渡口の席に向かう。気づいた渡口も睦の方に歩いてくる。

「社長……。来ていただいてありがとうございます。これからどうするのか……、意思決定を、お願いします」

顔を強張らせながら話す渡口に、睦は、目を見開いて力強く言った。

「本当に、ここまで対応してくれてありがとう。そして、会社を放っておいて、申し訳なかった。これから、社員全員と一対一で面談をしたい。段取りをお願いできないだろうか」

「え？　は、はい。承知しました！」

睦の態度が以前とは明らかに違い堂々としていたからであろうか。渡口は、戸惑いをみせながらも、少し笑顔を浮かべた。


「失礼します」

会議室に入る社員。

「どうぞ座ってください。面談の時間をとってくれてありがとう」

その社員に丁寧に挨拶をする睦。

約一メートルの幅があるテーブルを挟んで社員と睦が一対一で向かい合う。全社員との面談が始まった。

「思っていることを、なんでも遠慮せず全部正直に言ってください。こんなことがしたい、これがしたくないということを、正直に教えてほしい」

睦は、まっすぐに社員の目を見て、穏やかに話し始める。

「私の願いは、会社を良くし、みんなが幸せになることだ。でも、みんながどんな形を幸せだと思っているのか、それを確認することを自分はずっと怠っていた。申し訳なかった。一度、すべてをゼロに戻して、会社を再出発させたいんだ」

睦は、社員に対しての謝罪の気持ちや、これから会社をどうしていきたいかを本音で語った。

最初は「会社はどうせ何もしてくれない、社長も鬼塚顧問とグルだ」という気持ちで、口を開こうとしなかった社員も、少しずつ本心を打ち明け始める。

「無理やり研修に行かされるのが嫌です」

「訳のわからないルールが嫌です」

睦が導入した仕組みやルールを廃止してほしいと、本音で話す社員。

睦は、自分が良かれと思って取り入れていたことが、社員を苦しめていたこと。自分が、皆の気持ちを全く理解できていなかったことに気づかされ、そのたびに、社員に謝罪した。そして、そのルールを廃止することを約束した。

「厳しく数字を管理されて追い詰められるのが嫌です」

「ハラスメントもきつく、地獄のようでした」

鬼塚に追い詰められていた様子も社員たちから明らかに伝わってくる。睦は、自分の甘えと不安が原因で、鬼塚に主導権を奪われたことにより、社員に本当に辛い思いをさせてきたことを実感した。

「必ず、改善してみせます。申し訳なかった」

睦は、社員一人一人に、謝罪と決意を語った。

さらに、これからの会社のことに関して、多くの社員たちが語ってくれたことが、睦の胸を大きく打った。

「私は皆で仲良く楽しくやっていきたいんです。仕事だからと言って殺伐とした雰囲気でやるのではなく、楽しく働きたい。そしてプライベートも楽しんで、人生を楽しくしたいです。結婚して家庭を持って。私たちは幸せになりたいだけなんです」

涙ながらに語る社員。

「会社を良くしていきたい。そのために自分ができることを精一杯やりたい」

拳を握りしめながら力いっぱいに、睦に想いをぶつけた社員もいた。

そして、面談も最後に渡口を残すのみとなった。

「今回は、大変な思いをさせてしまって申し訳なかった。それでもこうして会社を守ってくれて、本当に本当にありがとう」

睦は、渡口が会議室に入ってくると、歩み寄って頭を下げた。

「私は社長に共感して入社しました。あの頃のようにやっていきたいです。ここは社長の会社なんです。社長が思うようにやってください。私はついていきます」

渡口は涙を滲ませながら、睦にそう語った。

「ありがとう。本当にありがとう。一緒に、一緒に会社を変えていこう」

「もちろんです」

睦と渡口は、笑顔で固く握手をした。

「では社長、早速ですが、みんなの前で、挨拶をお願いします」

渡口は満面の笑みでそう言った。

こうして、面談を終えた睦は、社員全員の前に立った。

静まり返った空気。日はすっかり落ちて外は暗くなっていたが、窓の外の見慣れた街の夜景は、いつもとは違う輝きを放っている。

睦は、社員一人一人の顔を改めて見渡した後、深く頭を下げ、そして言った。

「今まで本当に申し訳なかった。今日は本音を話してくれてありがとう。私はこれまで会社のためを考えて、色々な方法論を取り入れてきました。業績を悪化させてしまった責任も感じていたので、自分がやらない方が良いのではと思い、他の人に任せることもしてきました。でも、皆の話を聞いて、そのことが皆を困惑させていたのだということに気付かされました。それに私自身、この数ヵ月、色んなことがあった中で、会社の経営とはそういうことではないと学んだのです。

だから、これまでやってきた仕組みは一度全部やめましょう。とにかく成果の出る仕事に集中しながら、より良いやり方をゼロから皆で見つけていきたいと、今私は思っています。

ここは、私たち皆の会社です。私はもう一度、皆と一緒に笑顔で働きたいんです。とても勝手なことを言っているのはわかっていますが、もう一度だけチャンスをください。自分たちの力で会社を作っていきましょう」

再び、深く頭を下げる睦。

一瞬の沈黙。

その後、拍手が湧き起こった。

小さく何度も頷く社員、目を潤ませている社員、笑みを浮かべる社員。

今朝はあれほど暗く沈んでいた空気が、ろうそくに火がともったように、今は、ほんのりと軽くなっていた。

仲村恵子の所見「創業〝殿様社長〟が抜けた穴の埋め方」

むっちゃんのチームは、実行部隊、つまり侍チームだ。全員が殿様の喜ぶ顔が見たいし、叱られたり褒められたりしながら、何かしらエネルギーを、外から浴びることが必要なチームなのだ。だからこそ、むっちゃんがチームを承認する側になる必要があった。

先代社長は、誰かからエネルギーを貰おうなどと、考えてもいないだろう。ここも大きな違いだ。殿は成し遂げたいことを想像するだけで自然と力が湧いてくる。そこについてくる仲間がいれば俄然、力が増して、社員や家族が多ければ多いほど、それらを守ろうとエネルギーが強くなる。そういう意味では、戦後の経営者たちは、同じようなパワフルなリーダーが企業を立ち上げ日本を復興してきたのかもしれない。

さてむっちゃんは社長の下にいた侍の立場から、「実現したい志を明確にし、それができたら私が最高に嬉しい」という、殿様のポジションに入れ替わる必要があった。

これが素早くできれば最高だが、位置エネルギーをシフトすることは、少し修行が必要ですぐには難しいことも事実だ。

そこで私がアドバイスしたのは、殿様の座る位置を、鬼塚さんでも、正しい武器でもなく、皆の祈りが一つに集まる「志」に置き換えることだ。その方が世代交代もしやすい。

よく創業社長と比較して二代目三代目に人望が集まらないという相談もうけるが、その解決法や準備はできる。

本来日本人は天皇陛下や神々を中心に守り助け合い、みんなで対話する善き仲間というか、遥かに遡ればみんな親戚みたいな関係だ。絆や大家族みたいな繋がりが大好きで、自然と仲良く暮らすことが得意な文化がある。

だから中小企業の社長全員が立派な殿様にならなくても、中心に「志」という北極星があり、みんなで和になって助け合うワンチームになれば、実はそんなに苦労しなくても幸せな成功者になってしまう。

リーダーはチーム全体を大きなエネルギーで包み込むように、時には強く、時には愛情深く、時には楽しく笑いとばしながら、太陽のようにいつもそこにいて、「失敗しても大丈夫、批判されない学びがあるだけだよ」という安心安全なフィールドを創り守ることが大切なお役目だ。社長の顔色を窺うような不安な空間では人は育たない。

いつでも元気に侍たちが戦えるような、侍たちが守りたくなるような美しい感謝に溢れた空間を、リーダーは創り拡げていく。そうすれば草花や木々が自然に太陽に向かって伸びていくようにチームは、のびのびニコニコと成長していく。

毎朝日が昇るように、どんな時も変わらない安心できる太陽のようなリーダーになろう!

鬼塚との決別

「ご無沙汰しております」

睦が向かったのは、東京は中野駅近くの居酒屋であった。睦はその店に入ると、すでにカウンターに座っていた鬼塚に挨拶した。ここは、彼が行きつけにしている居酒屋である。

久しぶりに見る鬼塚の顔。かつて睦の話に一切耳を貸さず、睦の経営方針を真っ向から否定した鬼塚。経営目標までも勝手に変更させられた当時の屈辱が蘇る。

無理な目標を強要されたり、個室で叱責されたりして、精神的にも肉体的にも追い詰められた多くの社員の顔も浮かぶ。

同時に、そこまで鬼塚に主導権を渡してしまった当時の自分の情けなさ、不甲斐なさも浮かんできた。

まあ座れよ、と目で合図をする鬼塚。

「生ビール、お願いします」

睦は店員に注文をしながら席に座る。黙って、乾杯をする二人。鬼塚が先に口を開いた。

「俺を辞めさせに来たのか？」

黙って、うなずく睦。

「いいのか？　社長さん一人で本当にやっていけると思っているのか？　大丈夫か」

以前と変わらない高圧的な態度。

「はい。ご心配おかけいたしました。もう、大丈夫です」

睦は、鬼塚の目をじっと、真っすぐに見つめた。「そんなんだから、お前は駄目なんだよ！」

以前の睦であれば、鬼塚にそう一蹴されていたであろう。

しかし、今回は違った。

鬼塚は、若干のけ反り、黙ったままであった。

睦は、目線を鬼塚から離さず、静かに言った。

「辞めていただけますね」

鬼塚は、動きを止め黙っている。

「もう一度言います。メディアラボの顧問、辞めていただけますね。多くの社員もそれを望んでいます。私は、今日、皆から話を聞きました」

睦のその言葉に、逃げるように席を立つ鬼塚。

「お、俺は、も、もう用無しってことだな。ど、どうなっても知らないからな」

そう言い残して、店を出ていった。

フゥと、息を吐く睦。

(私は、もう一人ではないんだ。これから会社を一緒に立て直そうという仲間がいる。大丈夫だ)

静かな笑顔を浮かべながら、睦は、ビールを一気に飲み干した。

恵子さんの魔法

こうして睦は、これまで持ち込んだすべての仕組みを廃止し、鬼塚とも縁を切り、メディアラボを再出発させることを誓った。

この結果、退職願を出していた社員も含め誰一人、メディアラボを辞めることはなかった。

（恵子さんに出会ってなかったら、そして、あと少し自分が立ち直るのが遅れていたら、社員の半分は辞めてしまい、会社も倒産していたかもしれない）

睦は、しみじみとそう思った。

屋久島での内省内観で、それまで会社や自分自身の状況がうまくいかない原因が浮かび上がった。

それを、カナディアンロッキーの登山でさらに深め、仲間と共に自分で決めていた限界を超える体験をすることができた。

この体験があって、社員の半数が辞表を出す緊急事態を乗り越えることができた。社員とも少しではあるが本音を語り合えるようになった。

（さらに会社を良くしていこう。社員を幸せにしていくぞ）

決意を新たにする睦であった。

第3章　ワンチームを目指して

メディアラボ幹部の挑戦

「仕事を放っておいて、なんで山に登るんだ？」

「しかも、社長も含めると五人で一緒って、お客様にも多少の迷惑はかかりますよね……」

「まったくだ、よく分からない」

メディアラボの幹部である、小川貴弘、小林英司、渡部秋吾の三人は、太陽の光もわずかしか届かない森の中を、下を向きながら険しい表情で歩いていた。


小川は二〇〇二年、小林は二〇〇三年、渡部は二〇〇六年に、メディアラボのＩＴ事業や病院関連事業に将来性を感じ、先代社長の時代に入社した。

小川は、医療系システムの新商品開発に携わり、自分の考えを反映させて自由に新商品を作れることに楽しみを感じていた。

小林は、入社式当日からいきなり取引先の病院に出張し一〜二ヵ月ほど常駐するという激務を担当したが、個々人の自由に任される部分が大きいことに楽しみを感じながら、業務を進めてきた。

渡部も、小川や小林などの先輩社員の姿をみながら、自分の個性を活かした、自由な新商品開発や新しい取り組みに挑戦した。

三人とも、社長が睦に変わった後も、入社時のスタイルのまま、自分自身の考えや感覚を頼りに、個人のチカラで、とにかく目の前の仕事を一生懸命にこなしてきた。

このため、睦が出社拒否をして、古参幹部や鬼塚により社内が混乱した際にも、小川は社内がゴタゴタしていることは感じていたものの我関せず自分の業務だけをこなしていた。

小林や渡部に至っては、社長である睦が出社を拒否していることも知らず、社長が社内に居ないなぁ、くらいにしか思っていない状況であった。基本的に社長は自分たちの仲間という意識はなく無関心で、自分が担当した仕事にしか興味をもっていないと思っていた。

そんな時に、社員の半分が辞表を出すという緊急事態が発生。

睦と渡口が中心となり事態は収束したが、それをきっかけに、それまでの個人でバラバラに動く業務スタイルに疑問を感じるようになった。

会社を変えた方がよいのでは。会社をもっと良くしたい。

そういう気持ちが芽生えたときに、睦と渡口から、ワールドユーアカデミーで学ぶことを提案され、二〇一九年から研修会に参加しはじめた。

そして、それから一年もたたない状況で、大した説明もなく、三人は屋久島に連れてこられていたのである。

「大丈夫ですかーーっ」

「ゆっくりでよいですから」

少し先を行く、睦と渡口の声が聞こえる。

「了解です！」

小林が大声で返事をして、三人は俯きながら歩きつづけた。

「社長はもう、何回か、屋久島に来てるらしいですね」

渡部がそう口にする。

「そうそう。渡口も少し前に社長と一緒に登ったことがあるそうなので、慣れたものかもね」

小川は社長と渡口が一緒に屋久島に登ったときの話を、小林と渡部に語り始めた。

渡口は、就職活動で様々なＩＴ関連会社を回る中で、当時まだクラウド化も一般に浸透していない中、「これからの時代はＷｅｂだ」と夢を語るメディアラボ社長の睦に魅かれた。さらに、最終面接の待ち合わせ場所の駅に一時間睦が遅刻してきた事件（？）にも逆に面白みを感じて、メディアラボへの入社を決めた。

このため、最も共感していた睦が出社拒否から立ち直り、半数の社員が辞職しようとしていた緊急事態を解決したとき、渡口は本当に嬉しかった。そして、何がここまで睦を変えたのか、その理由に興味を持った。

そんな時、睦から、ワールドユーアカデミーへの研修会参加を打診されたのであった。どんなことを学ぶのかも分からなかったが、睦を大きく変化させせメディアラボを救ったワールドユーアカデミーで学べるということに心を躍らせた。そして、ある程度、基礎的な学びが終わったときに、睦と一緒に屋久島での研修に参加することになったのである。

うっそうと茂る木々。日の光もあまり届かない深い緑の森を、早朝から、睦と歩き始める。

屋久島での研修に参加したことがある睦が先頭で、その後を渡口はついていった。

「結構急な坂道だけど、大丈夫？」

睦が、振り向いて話しかける。

「はい。大丈夫です。マラソンに比べたら、全然大したことないですよ」

渡口は、なかなかのアスリートでもある。

「じゃあ、このくらいの坂道、へっちゃらだねえ」

睦の言葉に笑顔で返す。

「そうですよ。私のことは気にせずに、どんどん登ってください。それでも社長を追い越してしまうかもしれませんが」

「なにっ！　負けないからな」

少しムキになり早足になる睦。

「冗談ですよ、冗談」

笑顔で、渡口も早足になった。

そんなやりとりをしていく内に、睦のことをこれまでになく身近に感じるようになっていく。

(社長も自分も人間なんだ。社長と部下という関係以前に、一人の人間なんだ)

巨大な屋久杉の前で、並んでガッツポーズをしながら記念写真を撮っていたとき、ふとそう感じた。雄大な自然の中で、社長と部下という上下の関係性が薄れていく。そんな変化も感じながら、渡口は睦の後ろを歩く。

「この坂を上ればゴールだ。さあ、行こう」

もう夕方になろうとしていた。最後の急な上り坂。睦が渡口の方を振り返って言った。その時。

「やばっ」

坂のぬかるみで、睦が足をすべらせ、体勢を崩した。

「おおっ」

渡口は、慌てて睦に駆け寄ろうとしたが、睦に手をつかまれて、一緒に尻餅をついた。

「あははは」

お尻や膝が泥だらけなお互いの姿をみて、二人は思わず笑い声をあげた。

「もうすぐゴールだ。一緒に行こうか」

「はい！」

二人は一緒に立ち上がり、肩を組みながら笑顔で歩き出す。そして、森を抜けた。

「おおっ。これはすごい！」

二人は声を上げた。

太陽がかなり傾く中、雲一つない夕焼けの空が二人を迎えた。太陽の赤い光が二人を照らす。

渡口は、目から涙が溢れるのを感じた。そして、ふと視線を隣にいる睦に移すと、その目からも涙が溢れていた。

「むっちゃん！」

渡口の口から、無意識に睦のあだ名が出た。

「あぁ、すみません。ちょっと景色に見とれてまして……」

慌てて言い訳をしようとする渡口に、

「ありがとう、ぐっち！」

渡口の目から、再び涙が流れた。

「むっちゃん。会社を今よりもっと良くしたいんです。むっちゃんが帰ってきてくれて、会社は私が入社したころの楽しい雰囲気に戻りつつあります。でも、なんだか皆、自分の向きたい方向を向いている気がして仕方ないんです。このままだと、また何かのきっかけで、今回の鬼塚さんのようなことが起こるんじゃないか不安なんです」

渡口の心の中に溜まっていた想いや不安が一気に噴き出した。

「ぐっち、ありがとう！　会社をもっと良くしよう。一緒に！」

即答する睦。二人は、改めて向き合い、固く握手をした。

太陽が地平線に沈み、空は紫色を強めていく。その反対側では星や月が輝き始めていた。

「この綺麗な空を眺めていると、目先の売上げとかはすごく小さいことのように思えてきました」

「私もそう感じていたところだよ。数字ではなく、恵子さんも言っていた、会社の志というものが、会社をもっと良くしていくためには、大切なのかもしれないな」

二人の口から、言葉が湧きだす。

「我々が得意なＩＴ技術で、社会に貢献したいです！」

「そうだな！　社会を、日本を、ＩＴで元気にできたら、何も言うことないよね」

「ＩＴで日本を元気に！」

「いまの言葉、最高だ。素晴らしい！」

ハイタッチする二人。そして、瞬き出す星空に向かって、二人は叫んだ。

「ＩＴで日本を元気に！」


「こうして、社長と渡口は、日本も元気にしたいという同じ志をもって、会社をさらに良くしようと決意したそうなんだ」

「なるほど。そういう背景があったんですね」

小川の話に、二人は納得して頷いた。

「社長の出社拒否も治ったたし、その後、確かに会社もよい方向にいっているし、恵子さん、凄いよな」

「突然、社長と渡口が、むっちゃん、ぐっちって呼び合うようになったのにも驚いた」

「ですよね。そこから、会社をもっと良くしたいっていう二人の本気度が変わりましたよね」

「確かに。山を登るだけで、そこまで変わるもんなのかなぁ」

そんなことを話しながら、ゆっくりと急坂を登る三人。顔を上げると睦と渡口の手を振る姿が見える。

「こっち、こっち！」

「はーい」

少し急ぎ足で登る三人。

「おおっ」

先頭で登っていた渡部が叫んだ。巨大な屋久杉が眼前に現れたのである。

「すごいでしょう」

睦が、普段の仕事中ではあまり見られない笑顔で言った。渡口も満面の笑みだ。

「この先、気をつけましょう。この前は、二人で転んだから」

睦の言葉に、反応する渡口。

「先に転んだのは、むっちゃんでしょ。私は道連れですから」

ほのぼのした二人のやり取り。いつもと明らかに違う雰囲気に、驚きを隠せない三人。

その後、五人はまとまって、道を進んでいく。

急な上り坂。先に行くメンバーが足元のぬかるみ具合などを他のメンバーに伝えながら、皆で、一歩一歩上る。岩場や崖では、余裕のある体勢の人が他のメンバーの荷物を持ち、乗り切った。

「よし、ゴール！」

五人は、無事に予定したコースを踏破した。睦と渡口は満面の笑みを浮かべている。

「……、やっとゴールか……」

それとは対照的に疲れた表情を隠せない渡部。

始めてチームで挑んだ屋久島登山

「五人で一緒に登るのもいいけど、自分のペースで登った方が楽だったかな……」

小川も、やや俯き加減で呟いた。

「でも、五人で一緒に登らなかったら、ゴールに辿り着かなかったかもしれないよ。もし私一人だったら、結構きつかったと思うよ」

小林は、疲労は隠せないながらも、うっすらと笑顔を浮かべた。

「確かに、それはそうですね。個人では達成できないことも、皆でまとまれば達成できるのかもしれないですね」

渡部も少し笑顔になって口を開いた。

「そう言われてみると、今までにない感覚だったな。だから余計疲れたのかも」

顔を上げて頷く小川であった。

屋久島の夜

(登山のときは、皆、口数少なかったけど、何か感じてくれたのだろうか)

登山が終わり、風呂で汗を流した後、渡口は少し心配しながら夕食会場に入った。

「……」

五人で食卓を囲む。しかし時折、睦と渡口が言葉を交わす以外、ほとんど会話もなく、皆、もくもくと食事をしている。

「筋肉痛とかなってませんか？」

渡口は何度か話題を提供しようと言葉を発したが、

「まあ、いまのところは大丈夫」

といった調子で、すぐに会話はしぼんでしまうばかりであった。

「外は星がキレイだって、恵子さんがさっき言っていたので、食べ終わったら、皆でテラスに出てみよう」

夕食を食べ終わったのをみて、睦が提案した。

「いいですねぇ」

渡口は答える。他の三人も無言で頷いた。

食後、五人はホテルのテラスに出た。海や星の声が聞こえてきそうな静けさ。真っ暗な空に、無数の星が広がっている。

「きれいですね」

渡口はそう言ってみた。睦がそうだねと言ってくれたが、三人の反応は特にない。

「小川さん、小林さん、渡部さん！」

渡口は、たまらず、声をあげた。

「メディアラボを、もっと良くしていきたいって言ってくれましたよね」

ワールドユーアカデミーで学ぶことを三人が承諾したときのことを、渡口は思い出しながら言った。

「これまで、社長が先代からむっちゃんに交代した後や、鬼塚さんが出張ってきた時、社員が皆がバラバラで無関心だったから、大変なことになったんですよね」

三人は、すこし狼狽した表情を浮かべながら無言で頷く。

「ここで何か行動を起こさないと、また同じことを繰り返して会社が駄目になってしまうかもしれない。そうならないように、ワールドユーアカデミーで学ぼう、恵子さんに賭けてみよう、そう言ってくれたじゃないですか！」

一メートルほど離れて並んで立っている三人に近づきながら、渡口は続けた。

気圧されたのか小川が口を開く。

「ナンバー2だった古田さんは、もう私たちのやり方についていけないといって会社を辞めてしまったよな……」

睦と渡口は、屋久島で同志になった後、会社をワンチームにするため恵子さんのアドバイスに沿って、古田にもこれまでのやり方を変えていくように提案した。

先代社長の時のようなトップダウン的に上司から部下に指示を与えていく組織を見直したい。そして、上司や部下という上下関係ではなく、皆が「ＩＴで日本を元気に」という志に向かっていく同志・仲間で構成されるワンチームの組織に変えていきたい。そのために、古田にも、それに合った部署、ポジションに異動してもらいたいという提案である。

古田は、渋々この提案を受け入れてはくれたが、やはり、皆が同じ志に向かう仲間だという概念をなかなか受け入れられないようであった。そして、その後、数ヵ月でメディアラボを去る決意をしたのであった。

「でもそんな中、皆さんは、私やむっちゃんに付いてきてくれました」

渡口は、さらに三人に近づいて言った。

「ワンチームに、ワンチームに、なってくれますよね」

渡口のあまりの迫力に後ずさりする三人。

「ぐっち、熱くなりすぎだよ」

睦が渡口に向かってそう言った。そして、三人に向かって続ける。

「ぐっちも本気なんだ。皆、この会社をもっと良くしていく中心メンバーになってほしいと私も思っている。でも、無理する必要はないよ。せっかくの屋久島の夜なので、一晩考えてみてほしい。明日の朝、もう一度、ここに集まろう」

よろしく頼むと頭をさげる睦をみて、渡口も深く三人に頭を下げた。

屋久島の朝

次の日の早朝。雲に覆われていながらも、東の空が少し明るくなってきた時刻。昨夜のテラスで空を眺めている、小川、小林、渡部がいた。

特に示し合わせたわけではなく、皆、あまり寝つけず、夜明けを見るためにテラスに出てきたのであった。

「昨日の渡口は、熱かったなぁ」

「それだけ本気だってことだよ」

「社長と同志になる前は、あそこまで熱い人間ではなかったですよね」

「恵子さんの魔法かもしれないね。この大自然の中で、自分を見つめてみたり、仲間と一緒にいると、本当に大切なものが見えてくるような気がする」

「実は、俺、感動してたんですよ。急な崖とかで身動きとれないときに、社長が荷物を持ってくれたり、体がつらいところで、頑張れって声をかけてくれて」

「確かに。上司と部下っていう感覚は薄れていたよな」

「うちの会社は、個人個人の力は凄いんだけど、皆で力を合わせてっていうのは苦手だよな。というか、そういう概念も、経験もほとんどないよね。だから、今回の山登りは、すごく違和感を感じたよ」

「私も同じような感覚でした。でも一晩たって振り返ると、すごく新鮮で貴重な体験をしたなって気持ちになっています」

十月の爽やかな風が頬を通りすぎ、髪を揺らす。それで心身が緩んだのか、三人の口から、素直な言葉が溢れだしてくる。

「我々も、中堅からベテランになりつつあるし、いつまでも個人プレイでいいわけはないよな。気づいてはいたんだが……」

「そう、気づいてはいるんですよ。会社を良くしたいという気持ちも確かにあるんですけどね」

「我々に、何かできるんだろうか」

ふうーっと溜め息をつく小川。腕を組みながら曇り空を見上げる渡部。テラスの柵に肘をつき灰色をした海を黙ってみつめる小林。

しばらく、静かな時が過ぎた。そして、

「おはよう！」

約束の時間が訪れ、笑顔の睦とやや心配そうな表情の渡口がテラスにやってきた。

「おはようございます」

我に返って答える三人。

「私たちに、会社を良くしていくことができるんでしょうか」

小川が、三人の気持ちを代表して言った。

「できないよ」

睦が真剣な表情になって答える。三人の表情が一瞬、固まる。

「できないよ。一人じゃね」

　陸が微笑む。

「昨日の登山を思い出してください。つまづいて動けなくなったり、気力が尽きたり、道に迷ったり。一人の能力がどんなに高くても、やれることは限られていると思うんです。でも、五人が同じ想いで、同じ志で、同じ頂上を目指していけば、一人では絶対に到達できない場所まで、登っていけるんです」

　三人の目が輝きだした。

「昨日は、正直、五人で一緒に登ることが窮屈だと感じていました。でも、私一人だったら、あの山のあんなに綺麗な景色は見ることはできなかったと思います。皆で力を合わせれば、メディアラボも、まだ見ることができていない高みに登ることができる。そんな気が、今はしています」

　昨日はあれほど口が重かった渡部が笑顔で言った。

「うん。皆で同じ方向に力を合わせて進めば、想像以上に成長できる気がするよ。我々も会社も一緒にね」

　小林も力強く、続けた。

「そうだな。こうなったら、行動するしかないな！」

笑顔になった小川の言葉に、小林と渡部も頷く。

「ありがとう！　一緒なら、必ずできます！」

渡口が両手の拳を握りしめて叫んだ。

その時、空を覆っていた雲の切れ間から、朝日が差し込んだ。灰色だった海が青く輝きだす。

「やろう。一緒に。ワンチームで、もっと会社を良くしていこう！」

睦の言葉に、

「はい」

三人は即座に反応した。

「やったーーっ」

渡口が、再度、両手の拳を高々を空に向かって突き上げた。それに続いて睦が大声で叫んだ。

「チーム、メディアラボ！」

「いえーい！」

そろって歓声をあげる小川、小林、渡部であった。

仲村恵子の所見「ワンチームになる」

むっちゃんが通い始めた当初、ワールドユーアカデミーでは今まで知らなかったことをたくさん学ぶのだが、なかなか社員を連れて参加しようとはしてくれなかった。社員が積極的に参加できるようになるのに数年かかった。

会社は団体戦だ。特に戦後の日本は強いリーダーと強い組織が時代を創ってきた。しかし新時代に合わせて、ステップ2「組織の中心になる幹部と同志になる」、一人のリーダーが全てを牽引するのではなく、自立した幹部と力を掛け合わせることが大切だ。

さらに、ステップ3「会社の組織そのものが、ピラミッド型から仲間として魅力的な少数精鋭のワンチームになる」ためには、志や価値信念を仲間と共に体験し学習する必要がある。

ワンチームになればついに、ステージ1自力（自分が頑張る）から他力（応援していただける）の風が吹く、ステージ2、ステップ4の社会貢献ができ、たくさんの仲間に応援していただけるチームに飛躍していく。一気に人生がシフトするからだ。

ステージ			
ステージ3 **神力**	ステップ7・8・9に続く		
ステージ2 **他力**	ステップ6	世界	世界に貢献する企業になる
	ステップ5	日本	日本に貢献する企業になる
	ステップ4	地域社会	貢献し応援される企業になる
ステージ1 **自力**	ステップ3	仲間	社員全員がワンチームになる
	ステップ2	同志	社長と幹部が魂の同志になる
	ステップ1	リーダー	経営者の考え方をシフトする

次元上昇してしまえば今までの悩みことは一つもなくなる。住む世界の常識が変わるからだ。

会社が、ワンチームになるには、「集合的無意識」と「体験する現実」を、二方向からの変化を起こすことが重要となる。

まず一つ目は子どもの頃から「集合的無意識」にインストールされた、常識や普通という凡庸（ぼんよう）な思考、みんなと同じが安心という大衆思考、そこから紐づいた「どうせ無理」「正しくても少数派になるのが怖い」という大衆思考の世界観をひっくり返すことが大切だ。

何も考えず、皆と同じでいることが何よりも安心という世界観、同調圧力、大衆的思考、凡庸な考え方、みんな同じであることに違和感を持つこともなく、まるで、海を泳ぐイワシの群れのように右へ左へ団体行動してしまう。人間がみんな同じ行動を強いられても全く違和感を覚えない。みんな同じマスクをしていれば、意味は関係なくそれが常識で安心してしまう。その大衆洗脳は、私には奇妙にしか映らない。

日本は流氷からサンゴ礁まで、季節も四季折々で、それぞれの地域の文化、お祭り、考え方、多様性に無限の可能性を秘めているではないか。

いつから、何もかも右向け、左向けと、凡庸な思考停止状態に安心を見いだすようになってしまったのだろうか。所属する家族と会社や国としっかり繋がりながら、挑戦することをやめ、根無し草のような生き方を教育されてきたからだろうか？

それを打破するには、智恵と勇気を土台に私たちの魂が願う未来を想像し、そこにリアリティをもつこと。人間だけが神様からいただいた何でも想像できる力を大いに活用する。例えば、子どもの頃なら誰でもできた、空を飛んでみたいとか、宇宙にいきたいとか。

ワールドユーアカデミーでは、「志のもとワンチームとなり、みんなで地球を大冒険し、善き仲間と助け合い日本に貢献していく。その結果、皆さまに喜ばれ応援していただき、仕事も人生も繁栄する」という現実ではありえないような未来に、リアリティを持って行動している。

そして楽しい成功企業になってしまう。半分働いて半分教育と社会貢献に取り組み、更に売上げが上がり続けるなんてことが、もし本当になったらチームは楽しくて嬉しく誇らしく思うだろう。

ただしそんな夢物語を言っているだけでは、世界は変わらないので、二つ目は、望む世界が確実に引き寄せられるように、学び考え戦略を立て、積極的に挑戦するように「体験する現実」を変えていくことだ。

ここがポイントで、普通の人は素晴らしい未来を想像しても、「どうせ無理」が発動し、「目立ちたくない、皆と同じ」が安心なので、「あらゆる理由で行動しないか、できる範囲で行動する」を選択してしまう。

いくら素晴らしい会社にしたいと社長が夢を語っても、現実には何も挑戦するような行動をしていなかったら、ただの嘘つきになってしまう。出来もしない夢を語りそのイメージにチームが期待し、皆でがっかりすることを繰り返していては、最初は頑張れても、次第に嫌になってしまう。だからチームが崩壊していく。言われたこと以外何もしない機能不全に陥ってしまう。

これでは何も変わらない。現実が変わらないので、「どうせうちの会社には、人、お金、時間がない」という引き戻し現象が起こり、挑戦するような行動はせず結果、いつも同じ悩みごとが続く。

志高く挑戦するように行動すれば、普通や一般的ではないので、世の中がヒーローのような貢献活動を応援してくださる。応援されると嬉しくなりまた挑戦する、さらに善き仲間が集まり好循環のサイクルに勢いがついていく。

今ここを生きることで、閃きや智恵がさえわたり行動が変わり現実の世界が、理想に近づいていることが環境の変化でわかる。ドンドン楽しくなってエネルギーが集まり、おのずとワンチームになってしまう。

志の高さのイメージと、見える世界の現実がドンドン変化しいていくこの二つが同時に起こることで、チームは「このやり方で大丈夫だ」と安心して、ワンチームとして加速的に伸びていく。そうすると自然に内発的に、創意工夫や、本気の意見交換、助け合い、感動が生まれて来る。

ワンチームになれない原因は自分の所属する居場所とのつながりを、失ってしまったからではないかとも思っている。繋がりとはなにか？　それは所属するチームを愛し立派に育て上げることだと私は信じている。愛とは人を、家族を、会社を、国を、立派に育てる力だと思う。

ワンチームになるために、真実の愛の力に目覚めよう！

最初に私たちが所属する居場所、一番小さいワンチームは家族だ。家族は誰が何と言おうとも、愛からスタートしたはずだ。愛する人と出逢って、こんな家族を創りたい、幸せにしたいとイメージし、始まったのが家族というワンチームだ。

家族、会社、日本、私たちが所属するチームと、しっかりとした繋がりを感じると土台ができる。物事の判断基準が明確になる。家族が立派に育ち、社会に立派にお役に立つ。会社が立派に成長し日本に貢献する。精神性の高い美しい日本が、また立派に世界に大いに貢献する。

愛とは、甘やかすことでも贅沢させることでもなく、計れるものと交換するものでもない。真の人間を立派に育てる力だと信じる！

いつのまにか愛の考え方が、環境・行動・能力レベルに落ちてしまったのが、今の根なし草になった愚さの原因ではないだろうか？

愛社精神とは、売上げを上げ社長に気を使うことだろうか。これも何かが違う、何かがおかしい。

大切なのは皆で立派な会社をつくるために、教育という面倒くさいことに挑戦することだ。

愛のない時の言葉は「面倒くさい」ではないかと思う。いちいち話すのが面倒、嫌われたらさらに面倒。愛とは人が立派に育つように、子どもに関わるように、立派に成長できるまで何度でも根気よく関わることだろう。

愛の反対は無関心というなら、忙しくしている人も無関心、会社の未来にも無関心、愛社精神がない人が、会社を守るために全力で戦う道理がない。

だから愛がなければ会社は成長しないのだ。

ワンチームになりたければ、凡庸な思考から脱出して、人間の本当に願う世界を実現しよう。

ワンチームになりたければ、どうせ無理を超えて挑戦する行動をし続けよう。

ワンチームになりたければ、家族も、社員も、社長も、会社も、日本も、関係ないと無関心でいることを超えて、みんなが立派にお役に立てるよう愛をもってかかわろう！

第4章　ヒーローズクラブ

ヒーローズクラブ誕生

「ヒーローズクラブというものを立ち上げるから、参加したい人は朝六時集合ね」

その場にいた誰もが顔を見合わせ、恵子さんのいきなりの通達にあっけにとられていた。

「ええっ、朝六時」

「早っ」

「私、起きられる自信ないです」

その唐突さに加えて、遠足か旅行にでも行くかのようなあまりに早朝の集合時間に皆が驚き、中には笑ってしまっているメンバーもいる。

二〇一七年の年末。ワールドユーアカデミー研修会の後のことである。

第４章　ヒーローズクラブ

研修会に出席していた睦も、隣にいたメンバーと顔を見合わせた。そのメンバーが口をポカンと開けている。睦は、自分の口も同じように開いていることに気づき、慌てて閉じた。

（ヒーローズクラブ？　朝六時に集合？　しかも、新年早々の一月十五日？　恵子さんは一体、何を考えているんだろう）

「無理に来なくて、全然大丈夫ですからね。では、皆さん、今年もありがとうございました。来年もよろしく！」

それ以上、何も語らずその場を立ち去る。

（どうしようかな。恵子さんのことだから、きっと面白いことを考えているんだろうけど……）

まだ、状況が飲み込めず、ぼーっとしているメンバーもいれば、年末の挨拶を済ませ、とりあえず席を立つメンバーもいた。

「また来年もよろしくお願いします」

睦は、お世話になったメンバーに年末の挨拶をして会場を後にした。外はすでに日も暮れ、冷たい北風が吹いていている。

（おおっ、寒い。来年早々の朝六時かあ。これよりも絶対寒いよなぁ。何が始まるんだろう）

若干の期待も感じながら、肩をすぼめて帰途につく睦であった。


（きっと、人数は少ないんだろうな）

二〇一八年一月十五日の早朝、睦は、ワールドユーアカデミーに訪れた。

「おはようございます。今年もよろしくお願いします！」

睦は、慌てて挨拶をした。

（ほとんど誰も来ないと思っていたけど……）

セミナールームには、すでに三〇人以上のメンバーが集まっていた。睦は驚きながら、空いている後ろの方の席に座る。

「いやあ、眠いっ」

「そして寒いっ」

「こんなに早起きしたのなんて久しぶりなんだけど」

「でも来ちゃいましたよ、訳もわからないまま」

誰もが、まだまともに目が開ききっていないような状況の中、眠気を覚ますように話をしている。

そして、六時になった。

「皆さん、おはようございます」

恵子さんが、満面の笑みを浮かべて登場した。

「この寒い中、全国から、こんなに大勢が集まってくれるなんて、正直驚いています。ありがとう」

そして、ヒーローズクラブのコンセプトの説明を始めた。

「皆は今、ワールドユーアカデミーでいろんな活動をしているよね。屋久島で瞑想したり、山に登ったり。今では世界に足を伸ばしてカナディアンロッキーにも登って、一つのチームとしてありながら、それぞれ自分のリーダーとしての成長を目指してる」

それまで、眠そうであった一同の表情が一変した。真剣なまなざしで恵子さんの話を聴く。

睦も、これまでのワークを振り返りながら頷いた。

「ヒーローズクラブっていうのは……」

そして、恵子さんの話が核心に迫る。皆の表情がさらに引き締まる。誰かがごくっと唾を飲み込む音も聞こえてきた。

恵子さんが笑顔で続けた。

「ヒーローズクラブっていうのは、さらにその中で、社会にどれだけ貢献できるかというところに注力していこうっていう団体なの」

（社会に？　貢献？）

睦は、突然、恵子さんの口から出てきたこの単語たちに戸惑った。皆も、ピンとこない漫然とした表情を浮かべている。

メンバーたちの表情を受け止めた恵子さんがいつもの笑顔で、だが少し声を強め、全員の顔を見渡して言った。

「社会というか、ひいては日本のため、かな。要は世のため、人のため、ってことよ。そんなヒーローに、皆、なりたくない？　なりたい人は、ヒーローズクラブで一緒にやっていこう！」

「分かりました、やりましょう！」

即答するメンバーもいた。

「急に社会貢献と言われても……」

予想外の提案に、言葉を濁（にご）すメンバーもいる。

（自分の会社の経営で精一杯なのに？　社会貢献？　できるのか？　というより、一体何をやればいいんだ。そんなボランティアをやっていて会社は生き残っていけるのか？）

睦の頭の中を、様々な疑問が駆け巡る。

（訳が分からなくなってきた……）

睦が俯いていると、

「むっちゃんは、どうする？」

恵子さんが、笑顔で睦に尋ねた。

「うっ。は、はい。やります。参加します！」

睦は、半ば反射的にそう答えた。

「よし！　参加メンバーは決まったね。皆、これから楽しみだね」

笑顔の恵子さん。

その背後にある窓の先に見える海と空が明るく輝きだした。

そして、太陽が顔を出し、メンバーたちを照らす。

先ほどまで微妙な表情をしていた仲間も含め、全員が笑顔になった。

（まだ、何をやるのか、やれるのかは全然分からないが、きっと、この景色のように明るい未来が待っているに違いない）

睦も笑顔になる。

（かなり先輩の経営者もたくさんメンバーの中にいるし、まあ、何とでもなるだろう）

睦は、この時、そんな甘い考えも抱いていたが、この後、大きな挑戦が待ち構えていることにはまだ気付いてはいなかった。

仲村恵子の所見「新世界で生き残るチーム」

新しいプロジェクト立ち上げのコアメンバーを集める時、私が一番大事にしているのは詳しい説明をしないこと。

こんなことを言うと「説明がないとわからないだろう」と普通の反応がくると思う。しかし新時代を戦う仲間との間に必要なのは、「信頼」や「絆」だと思っている。だから「よく理解できて、できそうなことなら参加するが、できるかどうか解らなければ参加しない」と言うなら「しばらく様子をみて、できそうになったら参加してね」と話すことにしている。

そもそも理解できて分かりやすいことなど、今さら立ち上げるつもりもない。分からなくて、でもできたら凄いことに挑戦すると決めている。だからこそ、「直観を信じてやるぜ！」

という少人数精鋭のコアメンバーが必要なのだ。

そこで一回だけ、小声で「二〇一八年一月十五日、日の出前六時に、ヒーローズクラブを立ち上げるので、興味のある人は集まってください」とワールドユーアカデミーの受講生に告知した。

「五～六人も来ればいいなぁ」ぐらいでいたら、三〇人ほどが真っ暗な中、続々と全国から理由も聞かずに集まってきた。

ワールドユーアカデミーは、東京湾が目の前に広がる高層ビルの大きなフロアにオフィスを構えている。そこから見える冬の海はまだ真っ暗で、徐々に日の出前の真っ赤なラインが伸びていく。漆黒の闇、藍色の海、真っ赤に伸びる赤いラインからヒーローズクラブのスタートを現すように大きな太陽が昇りはじめる。

まるで時代が真っ黒に染まることを食い止めるように、赤いラインが引かれ、そこからは明るい光が燃え上がるのをまちわびるようだ。

ヒーローズクラブ立ち上げに集まったみんなは、これから何が起こるのか何をするのかまだ誰も知らされていない。でも呼ばれるように集まってきたメンバーたちだ。

ワールドユーアカデミーで学ぶ受講生の中から、新世界で生き残り社会に貢献するチームの名前を天に問いかけた時、「ヒーローズクラブ」という声が、どこからともなく響いてきた。その理由は三つある。

一つ目は、全く分からないことを立ち上げる時に、主旨が名前から想像できることや、一回で覚えてもらうことが大事だからだ。子どものころから憧れたヒーローは、必ずみんなが「どうせ無理」と諦めるような試練がきた時に現れる、だからカッコいいみんなのヒーローなのだ。

しかし今はまだ目の前にいる受講生たちは、世のため人のためと言ってみても、「それはどうせ無理。社会貢献は、お金と時間と人に余裕があって、儲かっている大きな会社がするものだ」という考え方がほとんどだった。

ステージ1のステップ1自分の課題を解決、ステップ2社員と同志になる。ステップ3組織がワンチームの仲間になる、これを超えた時に、ステージ2のステップ4社会に貢献する、という全く今までと次元の違うチームを、三年後の二〇二〇年までに創ると決断している。

これは、昨日今日、思いついたものではない。私が数十年かけて、世界中のメンターと出会い、学び続けたことによって見えてきた物語なのだ。まだ誰もこれから来るであろう新しい時代の変化に興味すらなかったが、このタイミングで始めなければならなかった。

二つ目は、もし敢えてヒーローなら試練が来た時どのように考え行動するのか？　自分や自社という固定概念を超えた高い次元で考え、行動の選択肢が拡がるような自己認識が必要だった。「今までの考え方では、どうせ無理だけど、もしあえてヒーローならどう考え行動するのだろうか？」と。試練に挑戦するヒーローになれば、暗闇の中でさえ見える世界もちがうだろう。

三つ目は、日本の未来を担う子どもたちに、生きる希望をもってほしいと祈るからだ。子どもたちは周りの大人たちの背中をみて育っていく。お父さん、お母さん、そして大人たちが楽しく社会に貢献し、ヒーローのようにカッコよく魂を輝かせて生きていれば、「将来、大人になるのが楽しみ」と子どもたちも瞳を輝かせるだろう。未来に希望をもてるだろう。子どもの未来とは大人であり、日本の未来とは、子どもたちのことなのだから。

昨今、子どもたちの自殺が、過去最高と大きな社会問題になっている。会社で働く父や母に生きる楽しさや希望が無ければ、どのようにして立派な子どもが育っていくのだろうか？自殺未遂にとどまった子どもに、心を痛める親たちは問いかけた。「何があったの？」「いじめか？」「不安か？」「私たちがいたらないのか？」あらゆる問いに子どもたちは、静かに首を横に振る。

「何も問題はないよ……」

「ただ一つ……、生きる理由がわからない……」

今こそ大人たちが子どもたちのヒーローとして立ち上がり、あらゆる社会問題に果敢に挑み、子どもの未来を守り元気にしていこうではないか、と思う。

さて集まったここから何社残るのだろう？　誰が新時代のリーダーになるのだろうか？ここからヒーローズクラブが発足し、歴史から見てやがて来る国難に立ち向かうように（それが、二〇二〇年のコロナ受難だった）、本気の挑戦がはじまる。これは私にとっても、新たな山の登頂を目指すことになる。まだ誰も登ろうとも、登ぼりたいとも思っていない。目の前の漆黒の海から、エネルギーだけが立ち上がるところだ。

そして、さらにここから四年後、つまり二〇二一年に立ち上がる日本の課題解決に貢献する「豈プロジェクト」の運営部隊の主要メンバーを育てるのが目的だった。しかし、そんな「日本の未来のために貢献しよう」なんて話をしても、今はまだ話が大きすぎてわからないだろうし、それぞれの会社には全く関係の無い話に聞こえると思う。

ここに集まったメンバーは、ようやく自分の人間関係などの課題を解決したり、幹部と信頼関係を構築し同志になったりすることで精一杯で、志を中心にワンチームとなっている企業はまだ少ない状態だった。

今からここから、より大きな志のために各社がワンチームになり、企業の垣根を超えてヒーローズクラブとして一致団結し、国難に立ち向かわなければならない。そのための戦略も全部用意した。そのパーツ一つ一つを埋めていけば必ず成功するだろう。

ここから毎月、企業の垣根を超えて価値観を共有するために、ヒーローズクラブ勉強会をはじめた。会社の中でさえ、部署の垣根を超えることも難しい中、なんとかしてやがて来る国難までに企業の垣根を超えて助け合う、志を一つにするチームを創りあげなければならないからだ。生き残りをかけて……。

和太鼓に挑戦

「むっちゃん、太鼓やるよ、太鼓。和太鼓だよ」

ワールドユーアカデミーでの研修の後、セミナールームを出ようとした睦は、恵子さんに唐突に声をかけられた。

「え。太鼓って、いきなりどうしたんですか？」

「年末に、ヒーローズクラブの感謝祭をやるの。その時にみんなで和太鼓を叩くことにしたのよ。これはヒーローズクラブ誕生とセットで、前々から考えていたことなんだよね」

恵子さんがいつもの笑顔で話す。

「はあ……和太鼓、ですか」

感謝祭ってなんだろう……。わけが分からず気の抜けたような独り言が睦の口から漏れる。

「そう、むっちゃんにはさ、リーダーとしてヒーローズクラブの皆をまとめてほしいんだ」

恵子さんはそう続けた。

「え。リーダーって、僕が、ですか。僕、和太鼓を触ったのなんて、小さい頃に行ったお祭り以来、全然ないですよ」

「平気、平気。確か、むっちゃんは昔、バンドでドラムのパートやってたって言ってたじゃん。大丈夫、できる」

恵子さんはそう言って朗らかに笑った。

(ヒーローズクラブの感謝祭で行う太鼓演奏のリーダーか、これはかなりの重責な気がする……。会社をまとめるという役割は、これまでの経験を通してなんとかなる気はする。だが、今回まとめるのは全員が経営者や幹部たち、百戦錬磨のメンバーたちだ。大先輩もたくさんいる。そんな先輩たちを私がまとめていくということか……。到底できる気がしない。想像すらつかない。でも、恵子さんがそう言うなら、なんとかなるのだろうか)

パニックを起こしそうな睦。

「じゃ、よろしくね。太鼓リーダー」

そんな睦に構わず、恵子さんは、そう言い残して笑顔でセミナールームを出ていってしまった。そのまま、睦は動くこともできず、窓の外の景色を眺めていた。

昼間だというのに、空は厚い雲に覆われている。海も今まで見たことがないくらい澱んでいるように睦には感じた。

（ヒーローズクラブ誕生のときに見た明るく輝いている空と海とは、まったく正反対の景色だ。これからどうなってしまうのだろう……）

そんなことをぼんやりと思いながら、ただただ、立ちすくむ睦であった。

全体練習始まる

轟音が響き渡り、あたかもそこに稲妻がおりたかのような閃光が見えた気がして、その場にいた誰もが息を飲んだ。

恵子さんが感謝祭で和太鼓の演奏をすることを正式に発表してから、二ヵ月ほどが経った三月のある日。葛飾にあるコミュニケーションセンターの大ホールには、ヒーローズクラブのメンバーである、経営者や幹部の人間が五〇人近く集まっていた。

そこで、今回の太鼓演奏の技術指導をするグループが、模範演奏を行った。

本格的な和太鼓の演奏をいまだかつて聴いたことがないヒーローズクラブのメンバーたちは、皆一様に驚異と感嘆にまみれ、その力強さと迫力、リズム感に圧倒され、感動している。

「いやぁ、すごい。こんな本格的な太鼓は初めて聴いた」

「観せるねぇ、って感じだよな」

「確かに、芸術の域と言っても過言ではないですね」

「すでに芸術だよ、和の粋ってやつだ」

模範演奏が終わった。

「まずは皆さん、壇上に上がって太鼓に触ってみませんか」

指導者の言葉に、一同、顔を合わせる。

「お先にどうぞ」

「え、いえいえ、私は後でいいや」

お互いを肘で小突き合いながら、それでも立ち上がり、ぞろぞろと壇上に登った。指導者たちから渡されたバチの持ち方すらわからないまま、とにかく皆が和太鼓に触れ、叩きはじめた。

「わぁ、太鼓って下で観るよりこんなに大きくてごついんだ」

「バチってこんなに重かったっけ」

――ドォン
「わぁっ、びっくりした。すごい音」

「近くだと、さらにおなかにズンって来るね」

皆それまでとまどっていた中、誰かの一打ちに驚きながらも、その音にいざなわれたかのように、思い思いにバチを振り下ろしはじめた。

「きゃあ、手にじんじんくる」

「うわ、思ったよりこの面が硬いんだね」

――ドンドンドン、カラカッカ、ドドンドドン
皮だけでなく縁打ちをし、盆踊りのような節を叩き始める人も中にはいた。

そんな中、睦は眉間に皺を寄せて黙っていた。感謝祭での和太鼓のリーダーをこれからやらなければならないプレッシャーがそうさせていた。

「せっかく今日は皆さんにお集まりいただいたんだし、早速太鼓の練習を始めていただきましょう」

指導者の声に一斉に驚き「え、もう今日からなの。それは聞いてないよ」と口々に声を上

げた。

「では、皆さん、まずは、和太鼓のバチの持ち方や、打つ時の基本姿勢からお教えしていきます」

指導者はメンバーたちに説明をしていく。

指導者の一人が傍らで観ていた睦に近づいてきて、満面の笑みでバチを渡して言った。

「睦さんは太鼓経験者だって、恵子さんから聞いてますよ」

「いやいやいや、太鼓って言ってもそれは」

否定しながら睦は、渡されたバチを受け取り、太鼓の前に立った。

初めてバチを振り下ろす。

大きさとしてはフロアタムをさらに大きめにした感じだが、手応えはドラムスのそれとはまったく違う重みを感じた。もちろんバチの太さも違うが、返ってくる手応えやその音の重厚さが、これから自分の双肩にかかってくる重圧とオーバーラップするような気がして、それを振り払うように、睦は黙って腕を振り続けた。

打ち続ける太鼓の反動を感じながら、睦の頭には、あることが浮かんだ。

(もし演奏するのが自分だけなら、なんとかなる気がするが……。しかし……)

数ヵ月後に和太鼓を演奏するのは、当然、睦だけではない。企業の経営者や幹部たちだ。

会社はもちろん、性格も年齢も個性もバラバラで、昔で言えばアクやクセの強い、今風に言うならキャラがたっているメンバーたちを一つのチームとしてまとめていけるのだろうか。ゴールへの到達経路が見えなさすぎて、演奏を終えた睦は、太鼓の上にバチを力なく乗せて遠くを見つめた。

そんな睦を気持ちとは裏腹に、ヒーローズクラブのメンバーは口々に「やばい、きっつい」「体勢キープするのが無理」「ずっとやったらマメできるかな」などと好きなことを言いながらも、意外と楽しげに和太鼓を叩いていた。

（年末の感謝祭まであと九ヵ月。夏のカナディアンロッキーツアーのことを考えたら実質半年くらいしかない……）

睦は今までにない孤独と焦りを感じていた。

まとまらないチーム

「はあぁ……」

睦は、カフェの窓際のカウンターで溜め息をついた。桜が散り終わった頃の、二回目の全体練習の後だった。

練習に参加した二〇名ほどのメンバーは、皆、ほぼ未経験者ながらも、それなりに練習を重ねていた。しかし……。

今日の練習を見に来ていた恵子さんのコメントが再び睦の脳裏によみがえった。

「みんな元気は良いんだけど、音がちょっとね」

練習会場の端っこでみんなの演奏を聴いていた恵子さんが困ったような笑顔で近くにいた睦に言った。

「音が、どうでした？」

おそるおそる訊く睦に恵子さんが続ける。

「うん、はっきり言うと、夜中に暴走してるバイク集団の人たちが出す音みたいな感じ」

「短く言うと、暴走族のバイクのマフラー音みたいってことですね」

「まあ、そんな感じ」そう言って恵子さんはあははと笑った後、真顔になって言った。

「で、大丈夫？　むっちゃん。自分でふっといてなんだけど、あんまり時間の余裕は無いと思うんだ。音っていうよりは、今んところみんなが好き勝手にただ太鼓を叩いてて、まとまりが全然ない感じがするんだけど、ワンチームとして演奏できるようになるよね、大丈夫だよね」

「は……い。大丈夫です、多分」

「よし！　頼むよリーダー」

そう言って、恵子さんはあっはははと豪快に笑った。

（なんなんだろう、恵子さんの、あの余裕な感じ）

睦は思った。

「というか、なんで太鼓なんだ？」

睦は、コーヒーカップの液面にぼやっと映る自分の顔に向かって、呟いた。

ヒーローズクラブの感謝祭を盛り上げるために、芸や出し物をするというのは理解できる。

だが、そうであれば、全員が未経験である和太鼓をわざわざやる必要はないだろう。

（きっと、何か意味があるんだよな……）

コーヒーをゆっくりとすする睦。

「いつも、そうだもんな」

再びコーヒーに向かって呟きながら、睦は恵子さんに出会ってからの出来事を思い返した。

会社に行くのが怖くて、毎日のように近くの公園で仕事をしていた日々。あまり期待はしていなかったが、何かしなければという気持ちで、通い始めたワールドユーアカデミー。

「むっちゃん、屋久島行くよ！」

笑顔の恵子さんの声は、今でも鮮明に思い出せる。

(あの八方塞がりの状況を大きく変えた「屋久島に行こう」という恵子さんの提案も、当時はまったく理解できなかったなあ)

さらにカナディアンロッキーの景色、渡口と登った屋久島の思い出が蘇る。

(まさか、自分の限界を突破できたり、幹部と同志になれるなんて、今考えても夢のようだ。恵子さんからの提案には、いつも、必ず何か意味があるんだ。きっと太鼓にも必ず意味があるに違いない)

カフェでの夢想は続く。

「太鼓はよいとしても、何で他の会社と一緒にやらなければいけないんだろう。メディアラボ単独の演奏会だったらよかったのに……」

睦は思わず呟いた。

あれほど大きな壁を感じていていたメディアラボの社員たちとは、屋久島で本音を言える関係になれた。そして、その後は、会社を良くしていくために何をすべきか常に語り合うようになっていた。

お互いの性格や想い、さらに業務の状況も分かるので、都合を調整して一緒に太鼓の練習をすることもできていた。そして、皆で太鼓を叩くことによる一体感、ワンチームになる感覚も感じられるようになってきていたのである。

「違う会社の人たちだと、互いの都合を合わせにくいし、頻繁に口出しするのも難しいよなあ。大先輩もいるし……」

睦は、独り言を続けたあと、残りのコーヒーを一気に飲み干し、カフェの席を立った。

もがく睦

――ドォーーン！

（あーーっ。どうしよう）

睦は太鼓の全体練習会場にいた。先月と同じように、各自で練習を重ねてきたメンバーが一堂に会し、全員でリズムを合わせて太鼓を叩いている。

――ドォーーン！

（またかあ。これは注意せざるを得ないなあ）

渋い表情をしながら、太鼓練習を見ている睦。他のメンバーと明らかにずれて、ひときわ大きな太鼓の音が会場に響いていた。

（しかし、よりによって、山崎さんかぁ）

休憩時間に、睦が太鼓のリズムがずれていることを指摘するために近づいたのは、山崎文栄堂の社長、山崎登である。

山崎は、ワールドユーアカデミーのメンバーとしては古株で、その人柄から、恵子さんはもちろん他のメンバーたちみんなからも山ちゃんと呼ばれ慕われている。ワールドユーアカデミー、そしてことさらヒーローズクラブにとっては、今や欠かせない重要な主要メンバーの一人である。

そんな大先輩に苦言を呈するのは、睦にもかなりの抵抗があった。しかし、言わなければ先に進まない。睦は意を決して、山崎に指摘をすることにしたのであった。

「えーーっ。そうなの？」

指摘に、驚きを隠せない山崎。

「ごめんね。自分ではリズムがバッチリあっていると思いながら自主練習してたんだけど。

まさか、ずれていたとは……。どうしよう……」

大きなショックを受けたのか、うつむき気味に話す山崎。

（え……。リズムがずれていることに気づいていなかったのか。「どうしよう」はこっちのセリフだよ……）

「わ、分かりました。どうしたらいいか、考えます」

唖然としながら、答えた睦であった。


それから約一ヵ月後。睦は再び、太鼓の全体練習会場にいた。

（うんうん。先月よりは少し揃ってきているかな。山崎さんも、少しはよくなってきたかな）

睦はこの一ヵ月、山崎から送られてくる太鼓練習の動画を、毎日のように確認し、指導してきた。その成果か、山崎のリズムのずれは改善の方向に向かっていた。少し安堵しながら、皆の太鼓を叩く姿を見渡す。

「えっ」

口から思わず驚きの声が漏れる。

（な、なんだ。どういうことだ？　しかも……、今度は早川さんかよ）

愛和食品株式会社の社長、早川恭彦は三十五歳で父親の後を継いだ、睦と同じ二代目社長である。社長就任後、業績も上がり社員数も増えていったが、なぜか自分も社員も心身ともに辛いという、矛盾した状況に苦しんだが、ワールドユーアカデミー、恵子さんの下で学び、実践していくことで、会社を良い方向へと変化させることに成功した。

現在は、山崎と同様にワールドユーアカデミー、そしてヒーローズクラブにとって、欠かせない主要メンバーの一人となっている。

練習が一段落したのを見計らって、睦は、早川に近づいて、言った。

「早川さん。なんで、叩いたフリをしてるんですか！　ちゃんと叩いてくださいよ」

解決するより、噴出することが多い問題に、苛立ちが隠せない睦。

まっすぐに見つめ返す早川。意を決したように口を開く。

「申し訳ない！」

早川の大きな声が会場にこだました。皆が一斉に早川の方を向く。空気が緊張していく。

そして、さらに大きな声で早川は叫んだ。

「太鼓の出演を、やめさせてほしい！」

(な、なにを急に？)

急な展開に言葉がでない睦。

「いくら練習しても、ぜんぜんできないんだよ。やめさせてほしい！」

抑えていたものが噴出したのか、涙声で叫ぶ。

それに呼応するように、メンバーの一人が大声で叫ぶ。

「何言っているんだよ。一度やるって言ったんだから、最後までやれよ！」

太鼓にフラストレーションを抱えていたのは早川だけではなかった。

(な、なんなんだよ。わけがわからなくなってきた)

「み、皆さん、冷静に。今は冷静になれないと思うので、また明日にでも話し合いましょう」

何とか、この場を収めようとする睦。

(もういやだ！　何で、別の会社の人たちと、太鼓をたたかなきゃいけないんだ！)

心の中で、誰よりも大きな声で叫ぶ睦であった。

どうなる？　暴走族の爆裂音

「もう、どうしたらいいか分かりません……」

睦は、やや俯きがちに言った。

「ヒーローならどうせ無理を超えるチャンスだね」

恵子さんが、笑顔で言う。

太鼓練習で困り果てた睦は、ワールドユーアカデミーの研修会が終わった後、恵子さんを訪ねていた。

「皆、違う会社だし、センスや取り組み方もバラバラで……。太鼓演奏なんて無理ですよ。そもそも、太鼓じゃなきゃ駄目だったんですか」

なんでも受け入れてくれる恵子さんの笑顔に、心の中に溜まっていたモヤモヤを吐き出す。

笑顔で頷く恵子さん。

「そう思うよね。太鼓の先生に相談しておいたから、いい方法を教えてくれるみたいよ」

そう言って、恵子さんはニコリと笑って続ける。

「みんなのエネルギーをコントロールするらしいわよ」

頭の中が疑問符だらけになる睦。

「よろしくね！」

ポンポンと睦の肩を軽くたたいて、恵子さんは去っていった。

「余計わかんないよ……」

睦は、藁をもつかむ思いで先生を訪ね、教えを受けた。

「では、皆さん、順番にやっていきましょう」

睦のハキハキとした声が響く。

数日後、睦は太鼓練習ルームにいた。一緒にいるのは、太鼓チームの中でヒーローズクラブの主要メンバーとなっている数名の社長たちである。

先生から教わった新しい太鼓の練習をするために、睦が声をかけたのであった。山崎と早川も、この場に参加している。

「まず、私ともう一人で、一打、合わせて打ってみます」

睦は、隣にいるメンバーに声をかける。このメンバーは、睦と一緒に太鼓チームを引っ張っているメンバーであり、太鼓もかなり上達していた。

「よーおっ！」

睦の掛け声に合わせて、二人はバチを振り上げ、そして、振り下ろす。

――ドンッ！

二つの太鼓の音が合わさり、大きな音が一つ、部屋中に響いた。

うんうんと頷くメンバーたち。これくらいなら音を合わせることはできるよ、という声が聞こえてきそうな余裕な表情を浮かべているメンバーが多い。

「では、次は、山崎さんに入っていただいて、三人でやってみましょう」

睦は、視線を山崎にむけて、そう言った。

「えっ!? いきなりですか。いいでしょう。分かりました」

山崎が加わり、三人が並ぶ。

「では、いきます。よろしくお願いします」

静かに睦が言う。睦の掛け声に集中するためであろう。山崎は両手にバチを握りしめ目を閉じている。

「よーおっ！」

睦の掛け声に合わせて、三人がバチを上げ、振り下ろす。

——ドンッ！ ドン
「あーーつ、遅れた。ごめん、もう一度」

しまったという表情で、声をあげる山崎。「よーおっ！」でバチを上げるが、降ろすタイミングは三人の阿吽の呼吸で合わせなければならない。

「もう一回いきますよ」

声を張り上げる睦。

「よーおっ！」

——ド、ドンッ！

「今度は早すぎた、もう一回お願い」

「喜んで、よーおっ」

――ドドン！

「もう少しだったのに。次こそは」

額に汗を浮かべながら、気合いを入れる山崎。睦も、顎を滴り落ちる汗を拭って叫んだ。

「次で決めよう、息をあわせて」

「任せとけ」

睦の掛け声に威勢よく答え、息を整えて目をつむる山崎。

「よーおっ！」

――ドンッ！

三人の太鼓の音が一つになり、部屋にこだました。

「よしっ」

睦は、バチをもったまま、両手を高々と突き上げた。

「むっちゃん、ありがとう」

そんな睦に近づき、山崎がハグをした。

「おおっ。やまちゃん、その調子でいこう」

驚きながらも、笑顔で答える睦。

「こんな感じで、皆さん、順番に加わって、一つになっていきましょう」

――ド、ドドン

――ドン、ド

――ドンッ！

こうして、一人ずつメンバーを増やしながら、太鼓の音を一つに合わせる練習が続いた。

言葉にはできない感覚だった。振り下ろすタイミングは、その場の空気というか、みんなの心の中を無意識に探り、合わせないと一致しない。

ただ太鼓の音を合わせる練習なのに、自然と心の奥がつながっていくようだった。

（なんなんだ。こうやってみんなで太鼓を叩いて、音を一つに合わせていこうとすると、不思議と元気がでる。そして、なぜか前向きになる。バンドでドラムをやっていたときも、こんな気持ちにはなったが、太鼓の方が桁違いにすごいエネルギーを感じる。昔の祭りや進軍のときに太鼓がたたかれていたのは、こういう気分になるからなのかもしれないな）

睦はそんなことを感じながら、掛け声を上げ続ける。

「よおーっ！」

――ドン！

「バッチリだーっ」

「気持ちがいい」

残り一人というところまで、太鼓の音が一つに揃った。

最後の問題児

「では最後になりましたが、早川さん、お願いします」

睦は、それまでのハイテンションから一変、控え目に声をかけた。というのも、早川の顔が真っ青であったからだ。

「お、おう」

恐る恐るというのがはっきりとみてとれるくらい、ぎこちない素振りで、太鼓の前に立ちバチを握る。

「では、お願いします」

睦が声を張り上げようとしたその時、早川が声を上げた。

「ちょっと待ってくれ。やっぱりできない。私には無理だ。申し訳ない」

バチを太鼓の上に置き、礼をして、早川は部屋の出口に向かって歩き出す。皆、残念だが仕方ないかといった表情で、黙って見送っている。

そんな静寂の中、睦の声が部屋にこだました。

「どうせ無理、を超えて奇跡を起こす！」

その声にビクッと反応し、早川が歩みを止めた。睦は続ける。

「そんなヒーローになりたいって、以前、話してましたよね。諦めていいんですか？　後悔はないですか。一回も挑戦しなくてもいいんですか？」

(なんだ、この感覚は？　勝手に言葉が出てくる。青春時代に戻ったような熱いエネルギーが湧き上がってくる。太鼓の効果なのか？)

睦が自分の言動に驚いていると、早川が振り向いて言った。

「どうせ無理、を超えるか。口ではそう言っていたけど、心の中では無理だって思っていたんだな……」

「超えられなくてもいいじゃないですか。でも、挑戦だけはしてみませんか」

睦が、バチを早川の方に差し出す。

えっ、という驚きの表情を一瞬みせた早川。下を向いて独り言のように「どうせ無理を超えるか……。挑戦か、挑戦するか……」と呟いている。

数秒なのか数十秒なのか分からないが、睦には、その時間がとても長く感じられた。そして、早川がゆっくりと顔を上げて言った。

「そうだな」

それまで青ざめた顔をしていた早川の表情が変わっていた。

早川は目を力強く開き、睦の方に歩き出した。

そして、差し出すバチを受け取り、もう一度、太鼓の前に立った。

「挑戦させてください。皆さん、よろしくお願いします！」

早川が叫ぶ。

「おーっ」

早川の声に呼応して、メンバーが声を揃えて、叫んだ。

「では、皆さん、この一回にすべてをかけて、一つになりましょう。準備はいいですか！」

睦はメンバー一人一人に視線を向けた。そして、大声で言った。

「どうせ無理、を超えて奇跡を起こす」

「おおーーっ」

早川も含めたメンバー全員が雄叫びを上げる。

「いよぉーーっ」

睦の掛け声が、部屋全体に広がる。それに合わせて、皆が、バチを振り下ろした。

——ドン！！！

全ての太鼓から発せられた音が一つにまとまり天井に突き刺さる。部屋中が一つの振動に包まれた。

(音が、そ、そろった。奇跡が、起きた！)

信じられない、嬉しい、様々な感情が睦の頭を廻った。皆も、余韻に浸っているのか言葉を発しない。

早川は、両手にもったバチを高々とかかげ、天井に顔を向けて固まっている。目からは涙がこぼれている。

「やったー、揃ったよね、今」

何秒が経過したであろうか、山崎が口を開いた。

「できるじゃないですか、皆さんも最高です！」

我に返った睦は、早川の方に駆け寄る。

つられてか、皆も早川に駆け寄る。

「むっちゃん、やまちゃん、そして、みんな、ありがとう！」

ハイタッチ、ハグ、全員が喜びを分かち合う。これまで一度もなかった一同の笑顔が揃った。

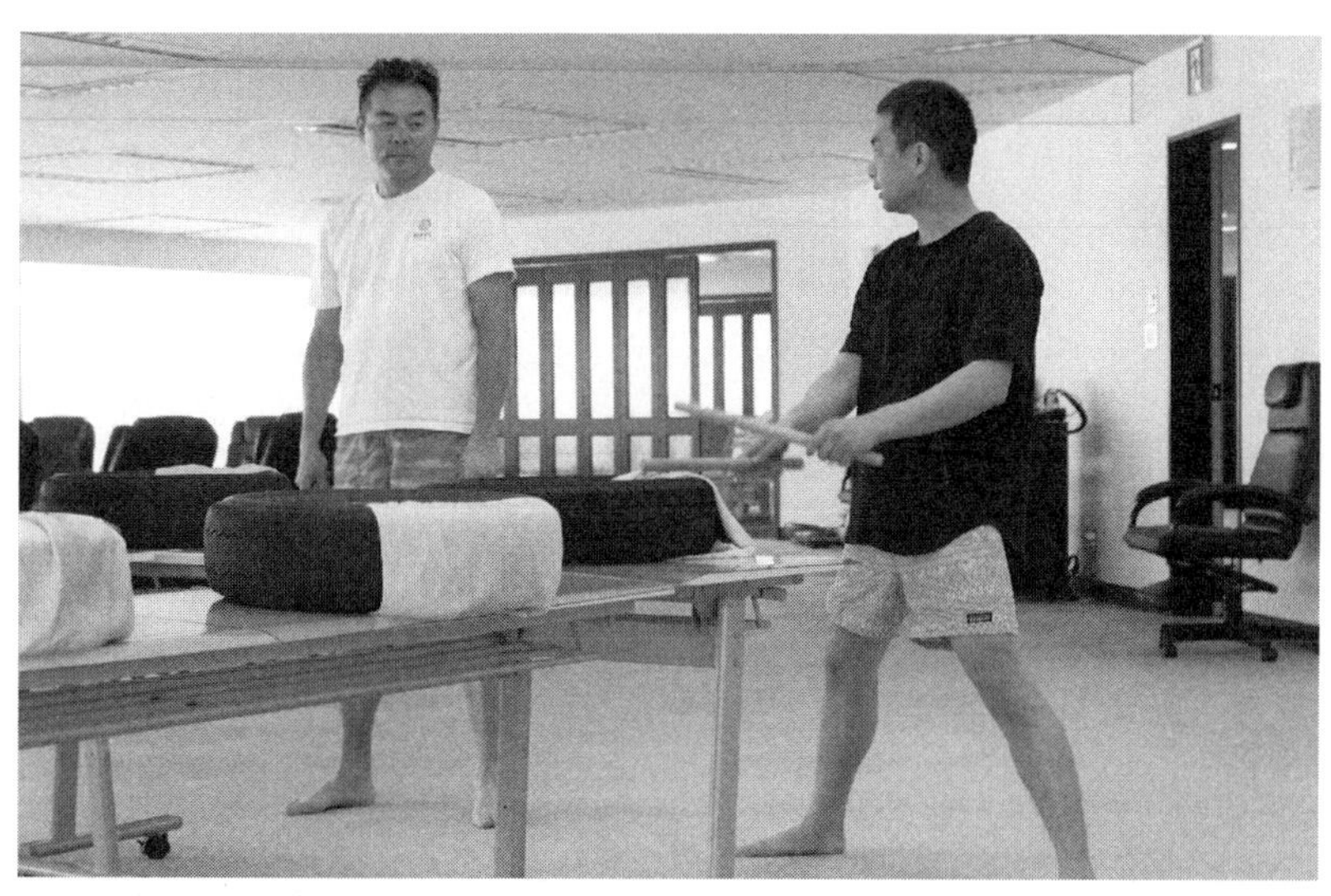

本番まで何度も早朝練習を重ねた早川（左）と長島（右）

（これまで感じていた会社同士の壁が、今の一打で、なくなった気がする。皆が、どうせ無理を超えて奇蹟を起こすという気持ちで一つになった。これが恵子さんの言っていた太鼓の力なのか）

「ヒーローズクラブ、太鼓チーム、最高です！　ありがとう！」

思わず大きな声で叫んだ睦であった。

仲村恵子の所見「志、なぜ太鼓なのか」

人類は古来、様々なシーンで太鼓と共に歩んできた。

戦う時に魂を鼓舞し、お祭りなど楽しい時に、田植えや神事、うれしいことありがたい時にも皆で太鼓をうち鳴らす。太鼓には皆の思いを伝える力があると思う。

これから始まる時代の変化に対して、どうせ無理を超えるヒーローとして、私たちの思いを伝えなければならない。ヒーローズクラブは、太鼓の振動は魂を鼓舞し今こそ立ち上がる時だと、全身全霊で瞬時に圧縮した空間の情報を伝えることができる。「日本を元気に！　立ち上がれ豈魂！」練習のたびに何度も言霊で価値観を共有し、太鼓をうち鳴らしてその振動を体にしみ込ませていく。

そもそも太鼓の素晴らしいところは、この空間に拡がる皆の魂のエネルギーを、一打一音にまとめ上げることができることだ。何人いても何百人いても、思いが一つなら、一つの志が一音になってこの空間に大きな波動エネルギーを拡げることができる。

思いが一つになる瞬間、全員が神様に心から祈りたくなる瞬間を、私たちは何度も経験したことがあるだろう。

何とか子どもが助かりますように、元気になりますように、何とか無事に成功しますように、どうか神様、魂の中心から、湧きあがるような崇高な祈り、歓声だったり、拍手だったり、うなずきだったり。

言葉では伝えられない私たちの思い、それが空間全体を覆い尽くし、みんなの祈りが一つになった瞬間、天に向かって、太鼓のバチ一つ一つが、自然に持ち上がり、まるでまあるいみんなの大きなエネルギーが、持ち上げるかのように強大なエネルギーが天高く集まっていく。

そしてこのタイミングだと思う瞬間「はっ！」と、全員でバチを打ち下ろす一打。その一音、その振動は波紋のような巨大な美しいパワーとなり、私たちの祈りは世界に拡がっていく。日本人なら誰でも、柏手を打つことができる。練習しなくても、「よ〜〜おっ」と言えば、全員で空間に拡がる貴(とうと)い思いを一打にできる。

今のような閉塞感のある時代に必要なのは、みんなで日本を憂い、精神性の高い魂が目覚め立ち上がっていくことではないか。そのために必要なのは、我欲執着をはるかに超えて全員で一打一音の明るい未来に希望が拡がる振動を世界に拡げることだ。

その空間にいるみんなでつくる愛の音、そんな太鼓を日本中に響かせたいと心から祈っている。

しかし当時、ヒーローズクラブのメンバーたちは自分のことで精一杯だった。忙しい、時間がない、覚えられない、体力がない、隣の人の音を聞くこともなく、思いやる余裕もなかった。自分のペースで大きな音を叩きまくる人、思いのほか難しくて迷惑をかけたくないからとやめたくなる人、何でちゃんと練習しないのかとできない人に文句をいう人、自分は無理だからと早々にあきらめてしまう人、「一曲出ておけばいいや」とできる力があっても半分適当に叩く人、何が何でも目立ちたいと自分のパフォーマンスばかりに注意が行く人。

一事が万事で、今の自分たちの精神性が、音となり所作となり、しっかりと具現化していく。それぞれのメンバーのそれぞれの心のありようが現れて、とてもわかりやすい。

この刺激に対する反応の行動パターンは、太鼓の話のようで、実は太鼓だけの課題ではない。企業として新たなことに社長が挑戦しようとしたときに、全く同じ行動が予測される。今までのチームのありようでは、新時代を明るく楽しく超えていけない。今からチームを鍛えに鍛え、まとめ上げておく必要がある。

それができたチームは二〇二〇年以降も、最大限の準備のおかげで、人・時間・お金に困ることなく生き残っていくだろう。

これからの新時代、今まで通りの仕事の仕方では、突破口が見当たらず苦労する企業も出てくると予測される。

これからは今までと全く違う経営戦略で戦わなければならなくなる。

今までの仕事の仕方ではない魅力的なチームに成長できるよう挑戦しなければ、選ばれる企業として応援していただけない。

こんな新時代のシフトのタイミングで、社長が「よしやろう！」と言ったとき「自分たちも挑戦しよう！」と声と行動を共にする仲間が各社に必要になってくる。

そのチームが集まって、さらに社会に役立つヒーローズクラブチームが生まれ、真の意味の日本復興の活動がスタートできるようになる。

よっぽど学ばなければ対応できないだろう。何とか来るべき困難に立ち向かう、志の高い智恵と勇気のあるチームを作らなければならない。もうそんなに時間はないのだから。

毎月太鼓練習という名の爆裂音がそこにあった。私は音楽にうといが、「なぁ、むっちゃん、いっぱい鳴っている音の、どれがいい音なの？」と、おもわず音楽とは言い難い、爆音に耳を疑ったものだ。

しかし別段心配はしていない。ここが私のいい加減なところで、理由はないが、何とかなると完全に一〇〇％信じている。根拠のない自信がある。

もっと分かりにくく言えば、そもそも私自身がこのスキームをつくりたいと思っているわけではない、なぜかお役目だと思っている。必要な時に必要なイメージが拡がり、その直観を素直に信じて淡々と歩んでいる。最初からこんな変な考え方を採用していたわけではないが、ある時、決めた日があった。

「とやかく思考するのは全部やめて、今ここを生き、魂の声を聴こう」と。

そこに思い至るまでの月日は長かったが、そう決めてから自分ごときの想像を遥かに超えて、奇蹟が何度でも起こるようになってきた。

だから素直という言霊の力が腹に落ちた時、なにも悩みはなくなってしまった。

呼ばれたらそうする。シンプルになってしまった。

だからリサーチし、悩み考え、企画し、会議のために会議する時間があったとしたら、今は時間がたたみこまれ瞬間に意思決定し結果が早くなった。普通数年かかることが最短で引き寄せられていく。今日はここに行ってみよう。ああこれか、この人か、だから来たのか。

こんな感じですぐに物事が瞬く間に進んでしまう。

神様の力は凄いなぁ～としか正直思っていない。これは変な話だとは思うが本当だから仕方ない。

それに全員参加しなければならないなどと、ちっとも思っていない。そもそも日本を元気にしようと思う魂の目覚めは、お願いするものだとは思っていない。それぞれが考え思うように関われればよい。

ワールドユーアカデミーの面白いところは、引き留めることは一秒もしない。みんな大人で、みんな侍、自立した大人たちを育成したいのだ。自分で学び、考え、どうするべきか行動を自分で決めればそれでいい。

何とかしたければ、何とかしたいと相談すればいい。みんな善き仲間だから、本気で応援する。できることは全部する。ただ弱音・泣き言・不満に付き合う気は微塵もないだけだ。私は相談という名前の悩みごとは、基本聞かないことにしている。ただ行動に紐づく考えには何度でも時間をとる。いくら悩んでもどうしていいかわからないなら、気が済むまで悩んでいれば良いと思う。もし変化したければ、できるにはどうすればいいか選択肢を拡げるために考えて行動するだけだ。

いずれにせよ、音を覚えてこなければ舞台には立てない。息を合わせなければ音楽にならない。そもそも太鼓を叩く意味を、十分理解して参加しているわけではないことは知っている。なぜなら「二〇一九年十二月、八芳園で第一回感謝祭をするから、そこで太鼓演奏するよ」としか伝えていないからだ。

仮に当時日本を元気にするために！　と言っても誰も興味はなかっただろう。だから説得はしない。説明もしない。様子を見たい人はそうすればいい。特にこのヒーローズクラブ和太鼓チームは、社長が意思決定し社員が参加している。

ここで面白いことに社長の決定に全く従わない社員もいくらでもいた。社員と仲間になっていれば、お互いに話もできるだろう。しかしみんな自分がやりたいかやりたくないか、家族やみんなはどう思うか？　に注意が向いて、「何のためなのか？」についての意識は、まだそこまで至っていない。

志を中心にチームがまとまっていない企業は、皆で団結し行動することもままならないだろう。

社員が、「あくまでも仕事は仕事、プライベートは別だ。太鼓は業務とは関係ない」と考えていれば、同じ仕事を繰り返すだけの普通の日々になってしまう。

さらに太鼓は今後、二〇二一年から始まる、「日本復興、豈プロジェクト」農業・教育・文化（お祭り）・経済の復興の柱になる。

ヒーローズクラブの社会貢献活動が、より具体的にはじまるのだ。

将来、太鼓は皆様に喜ばれ、応援していただける企業になるための大切なリソースになる。

それに今はまだわからなくても、せっかく家族よりも長く共に過ごすチームではないか。表面上のお付き合いをする人はいくらでもいるが、同じ屋根の下で、ともに数十年生きる人たちと仲間になってみようではないか。

もし太鼓の修行を通じて人となりがわかり、仲間になれば人生が何倍も楽しくなる。なぜなら私たちは、皆の中で繋がって助け合って生きているのだから、絶対に孤立しては楽しく生きられない。そうではない意見も尊重するが、やっぱり友達や仲間はたくさんいたほうがいい。善き仲間がいればそれだけで、人生を大いに楽しむことに成功したようなものだ。

この機会に社長とも仲間になり、みんなで新しいことに挑戦していく。そんな少人数精鋭のチームをつくってさえおけば、大きな試練にも柔軟かつ果敢に対応できるだろう。

太鼓を通じて各社長に、各チームの現状を把握してもらい、志を中心に新たなことに挑めるチームを、まとめあげることに挑戦してもらうしかない。

「社長が言うならついて行く」そんなチームもあれば、「なんか面白そうだ」と思って参加する人もいる。ご縁のある人から挑戦すればいい。

登山も登山口付近にいれば、ハイヒールやら、ジーンズやら、装備もなめたものから適当なものまでいろんな人がいる。しかし淡々と歩き続け三〇〇〇メートルあたりまでくれば、本気の人しか残っていない。だから登るかどうか？　本気かどうか？　悩んでいる人と付き合って説得する暇があれば、自分が挑戦していけばいい。

気がつけば隣で太鼓を叩いている仲間がいるだろう。それぞれの人生に丁度いい仲間が集まってくる。忙しいし大変なのはみんな一緒だ。だが残ったチームは誰も弱音を吐く人はいなくなる。腹の据わった侍たちが仲間になっていく。だから自分がそこまで挑戦するだけでいい。

太鼓は企業の垣根を超える。新時代に必要な価値観を徹底的に鍛える。志という見えないはずの思いを、リアルに伝えることができる。

そもそも生産性最下位の日本の中小企業だ。みんな忙しくて時間がないというが、本当にやりたいことが自分ごとになれば、みんな最大限の力と勢いを付けて乗り越えていく。

暇ほど、人を腐らせるものはない、創意工夫は挑戦する人にギフトされる。

結果、各自仕事ができ自信ができ、だんだん楽しくなり仲間が増えていく。

太鼓をする理由は数々あれど、まずもって新時代対応の企業の垣根を超えた人材育成するプログラムとしては非常に効果性が高い。太鼓セレクション合格者が多いチームは、結果から言って人材が磨かれ、魅力的な人材がキラッとたくましく光り、ファンができお客様からより選ばれる企業に成長してしまうのだ。

一つになったチーム

「やまちゃん、むっちゃん、わざわざ来てくれてありがとう」

そう語り始めたのは、太鼓チームのメンバーである社長だ。山崎と睦は、太鼓チームのメンバーの一人が経営している会社を訪れていた。

「恵子さんのおかげで、業績もV字回復しているんだけどさ」

社長はそう言いながら、最近の業績の資料を二人に渡した。

「これは、すごい」

会社の最近の業績をみて、驚きの声をもらす山崎と睦。

「ただね。顧客リストなどの管理面が追いつかなくて、最近、それに労力をとられているんだよね。本業に集中したいんだけど」

社長は悩みを語り始めた。

「あと、たくさんのお客様から要望されているサービスがあって、その新サービスも始めたいなと思っているんだけど、時間も資金も、なかなか捻出できないんだよね。このサービスができたら、もっとお客様のお役に立てるんだけど」

社長の話を、真剣に聞く二人。

「それは、嬉しい悩みだね。そして、素晴らしいよ。我々、力になるよ」

山崎が、目を輝かせて言った。睦も、笑顔で大きく頷いた。

「早速だけど、経営状況の資料、見させてもらっていいかな？」

山崎は、電卓をとりだし、なにやら計算をしながら、ものすごいスピードで資料を読み進める。

恵子さんから、日本を元気にするために、すぐできる取り組みから始めるように提案を受け、太鼓チームのメンバーは、まず何から始めるかを議論した。

そして、自分たちの会社の得意分野を活かして、ヒーローズの会社の課題を解決しあう取り組みを始めることに決めた。

その最初の案件として、顧客管理などをＩＴ化したい、そして、新規事業を始めたいと思っていた会社のチカラになるため、ＩＴ専門家である睦と、数字の天才と恵子さんから称される山崎が、この会社を訪問することになったのであった。

「あと、事業計画書はこれかな？　ちょっと読ませてもらうね」

山崎は、次々と資料を読んでいく。その姿をみながら、睦は、なんともいえない感慨に浸っていた。

（あんなにバラバラだった太鼓チームが、会社の枠を越えて助け合うなんて。正直、今でも

信じられない。日本を元気にするという志と、それを後押しする太鼓。そんな意味があったんだなあ）

ヒーローズクラブ立ち上げ、太鼓チーム結成を知らされた頃の当惑が解決していくのを、睦は感じていた。

続いて、一昨日「他の会社の悩みをＩＴで解決するという取り組みを、新たに始めたいんだ」と、睦が、メディアラボの幹部に話したシーンが、思い出された。

「それは、凄い取り組みですね！」

笑顔で即答する渡口。

「もちろん協力します！」

「メディアラボの志、ＩＴで日本の企業を元気にするに、ドンピシャだね」

「いつからやればいいんですか。早くやりたいです！」

小川、小林、渡部も、口々に言った。

（あんなにお互いのことや会社に無関心だった幹部たちが、屋久島で語り合い、太鼓も一緒に練習するようになって、より一つになった。自然と、「ＩＴで日本の企業を元気に」という志も生まれた。本当に夢のようだ）

目にじんわりと涙で浮かび、隣で、熱心に書類を読み込む山崎の姿が少し霞むのを感じながら、睦は社長に語りかけた。

「では、やまちゃんが資料を読み込んでいる間に、ITによる効率化の件、話していきましょうか」

「そうだね。いまは、手書きの書類が結構あるんだけど。これをまず何とかしたいと思っているんだよ。でも、詳しい人間がいなくてねぇ」

社長が悩みを打ち明ける。

「それでしたら、パソコンのソフトに、少しプログラムのようなものを入れれば、比較的簡単に対応できますよ。使い方も、教えますし」

睦が、話をきいて、即座にITツールを提案した。

「本当?! ありがとう。めちゃくちゃ助かるよ。この作業がほとんどなくなると思うと、それだけで嬉しくなってくるよ」

笑顔を浮かべる社長。さらに、睦のほうに前のめりになって口を開く。

「あと、営業員とのやりとりも、結構大変でさ。労力も電話代も結構かかるんだよ」

「よく分からないんだけど、サーバーの切り替え時期がもう少しらしいんだよね」

困っていたこと、悩んでいたことが、社長の口から溢れてくる。

「ありがとうございます。今度、うちの社員も何人か連れてきますので、より詳しい打合せをしましょう！」

任せてくださいとガッツポーズをとる睦。

ちょうどその時、山崎が資料を読み終わり、顔を上げて言った。

「よーしっ。よくわかった。あと、何枚か書類を作って貰えれば、融資の面は大丈夫だ。あと、この部分は、もう少し効率化できそうな気がするんだよね。ちょっと検討してみてよ」

山崎が社長にアドバイスをする。詳しい内容のやりとりが続いた。

「ありがとう。まさか、こんな身近に信用できるプロがいて、ここまで親身に詳しくフォローしてくれるとはね。まるで、うちの会社に、新しく経理部やＩＴ部ができたみたいだ。また連絡するんで、よろしく！」

一通りの打合せを済ませ、満面の笑みの社長。山崎と睦も笑顔で、この会社を後にした。

「会社の枠組みを超えて、ここまで協力し合うという発想は、私には全然なかったです。さすが恵子さんですね」

帰り道、睦は、山崎に話しかける。

「やまちゃんも、社長になってから会社を変えるのに苦労したと思いますが、こういう中小企業が集まって助け合える仕組みがあれば、そこまで苦労しなくても、世代交代もうまくいきそうな気がします。これから現れる、私のような二代目社長には、ほんとうに有り難い仕組みですよ。そう思いませんか？」

「うん……」

珍しく口数少なく答える山崎に、睦が怪訝な顔をした。そのとたん、山崎が話を始めた。

「実はさ。山崎文栄堂を継がせようとしている息子のことで、少し前に、恵子さんからアドバイスがあってさ」

急な話の展開に、きょとんとする睦。山崎は続ける。

「どうしても、自分の会社の中に置いておくと、甘えがでてしまうんだよね。だから、息子を別の会社で修業させようと考えていたんだ」

なるほどと、相槌を打つ睦。山崎は話を続ける。

「それで、この太鼓メンバーの会社に修行に出すことに、昨日、決めたんだ。ずっと迷っていたんだけど、こんなに信頼できて、しかも絶対に息子を甘やかさずに育ててくれる仲間は他にいないと、この間の太鼓練習で確信したんだよね」

「確かに。一番、安心できる環境ですよね」

そこまで派生するんだと驚きが隠せない睦。

「そうなんだよ。後継者も、元気に会社を引き継げる。そして志も引き継がれる。こんなつながりが、日本を元気にすることに繋がるのかもしれないと思ってね」

山崎が真面目な表情になって言った。

「そうですね。そのスタート地点に、我々、ヒーローズクラブは立っている」

睦は、鋭い視線を山崎に向けた。

「そういうこと。そして太鼓でエネルギーアップして、日本を元気にするぞ！」

山崎がそう言って、バチを握っているかのように右手を突き上げる。

「よーおっ」

声をあげながら、睦も右手を突き上げる。

――パシッ
山崎と睦はハイタッチをした。

仲村恵子の所見「世代交代する会社を牽引する～志経営～」

最近、むっちゃんのような強い先代社長のもとで育ってきた侍チームの世代交代、後継者問題で相談されることが特に増えたように思う。

具体的な解決法は二つあって、一つは十年二十年先を見据えて、様々な職種の現役の経営者、経営幹部チームのワールドユーアカデミー研修クラスに、次世代の後継者（幹部候補生）を受け入れてもらい、みんなで未来の経営者（幹部候補生）を育成するのだ。

百年企業が世界一多い日本ならではの智慧ではないだろうか。自社だけや親の立場では、厳しすぎたり甘やかしたり、身近すぎてなかなか伝えられない本質を、ワールドユーアカデミーで学ぶ経営者仲間は、その子どもたちや社員たちを、未来のリーダーとして我が子、我が社員のように助け合い育てる。

子どもも親の話には耳を貸さなくても、立派な会社の社長や幹部の話なら親身に聞くから面白い。

いかに父親が素晴らしいリーダーなのか、仕事をする楽しさや、社会に貢献する素晴らしさ、いくつになっても成長できる希望を、未来の経営者に伝えたい。

たまに「自社に社長候補として子どもを入社させるまで、他の会社で数年間、普通に就職させることについて、どう思いますか」と相談されることがある。

これは私個人の考えだが、どこか立派な会社に子どもを預けたとして、誰が担当になり後継者を育てることになるだろうか？　より大きな志のもと我が子のように、優しく厳しく育ててくれる会社に上手く就職でき、奇蹟のようなメンターとなる担当者と出逢えたら幸いだが、普通の社員に仕事は教えられても社長は育てられないと思っている。考え方が根本から違うからだ。リソース（人・お金・時間）を集めるだけではなく、より大きな志をたて、世の中に貢献するために使いこなす力を磨かなければならない。

そこで後継者や経営幹部たちをみんな善き仲間として会社の垣根を超えてまとめあげ、他社であっても最も力のある適任者が助け合える仕組みはできないだろうかと、日本の中小企業が助け合い次世代を育てるシステムをつくった。

その一端として後継者候補生（幹部候補生）には、若いころからできる限り登山研修など、参加できる研修に経営者と共に参加してもらっている。

立派な経営者を育てるメンター役は、優秀な現役社長が適任だ。また新時代に合わせた新しい考え方を学ばなければならない。言われたことを言われたとおりに何も考えず疑問を持たずに行動するようでは、経営者としては、いざという試練が訪れた時なんの役にも立たないからだ。

後継者を育成するにあたり「何を基準に将来の優秀な経営者、経営幹部を育てるのか？」という質問に対して、一般的には、皆と競い合い、わかりやすい成績や学歴など数字で評価されることに重きをおいてしまいがちだ。しかし考えて欲しい。その評価の基準は、偉大なリーダーになるために必要な条件の何割を満たしているのだろうか？

今やスマホ一つ有れば、あらゆる情報が手に入り、脳が外付けでアップロードされる時代になった。質問すればあらゆる情報が瞬時に手に入る時代に、もっとも重要な力はなんだろうか？「正しい答えは一つしかない」という試験に合格するような、思考停止のトレーニングを何年も繰り返せば、優秀な管理者にはなれても、答えのない航海を臨機応変に乗り越える智慧と勇気のある経営者にはなれない。

大きな時代の変化の中では、学校で教えてもらう答えのある問題を解いても経営なんてできない。できるわけがない。たしかに学力優秀な人も素晴らしいが、数字では計れない志の高さや先見性が多くの人を守り幸せにするのだろう。

だからみんなで後継者たちを育てていこう。そんな奇蹟が今すでに実現している。

ヒーローズクラブ大感謝祭

「皆さま、こんにちは。ヒーローズクラブ大感謝祭、スタートです！」

暗闇の中、スポットライトで照らされた司会者が、大感謝祭の開始を伝えた。

東京は白金台にある八芳園。五〇〇人を収容する大会場を満員に埋め尽くした観客から、大きな拍手が湧き起こる。

二〇一九年十二月。第一回ヒーローズクラブ大感謝祭が、海外からの来賓、さまざまな業界の経営者や経営幹部、学者の方々を招いて始まった。

（ついに、この日がやってきた）

タキシード姿で入場口の前で待機している睦は、ドキドキとワクワクで胸がはちきれそうであった。睦の背後には、メディアラボの社員たちが整列している。そして左右には、一緒に太鼓練習に励んだヒーローズの企業が整列していた。

（ほんの五年前だよなあ。会社に行くのが怖くて、社員に会うのが怖くて、毎日、公園のベンチで一人、仕事をしていたのは）

この感謝祭に辿り着くまでの道のりが思い出されてくる。

（本当にひとりぼっちだった日々。それが、五年間で、こんなに多くの同志と一緒にいられる毎日に変わるなんて）

感慨に浸る睦。涙がこぼれないように、天井を見上げて、目を瞬かせていた。その時、

「ヒーローズクラブ企業の入場です！」

司会の掛け声とともに、入場口の扉が開かれた。

一直線にステージへとつながるレッドカーペット。その両脇を埋め尽くしているお客様が、

入場口に振り向き、熱い視線と拍手を送っている様子が見える。

司会の合図に従って、ヒーローズの企業が順番に入場し、ステージへと進んでいく。

「続きましては、株式会社メディアラボです」

睦たちの番がやってきた。

「よし、楽しんでいこう！」

メディアラボの社員たちに声をかけ、睦は先頭で、レッドカーペットの上をゆっくりと歩きはじめる。スポットライトが睦たちを照らす。割れんばかりの拍手。その拍手に両手をあげて応えながら、睦たちはステージへと進む。

「ありがとう！」

メディアラボ社員全員がステージに上がるのを待って、睦は観客席に手を振りながら叫ぶ。

そして、社員全員が笑顔で決めポーズをとって会場を沸かせた。

（この一体感、最高だ）

あれほどバラバラだったメディアラボの社員が、ここまでまとまったことを、改めて実感した睦は、満面の笑みを浮かべながら目を潤ませた。

その後、ヒーローズ企業のスピーチ、ゲスト紹介などプログラムが順調に進行していく。

ステージ裏には、タキシード姿から一変。黒色のタンクトップに着替えた和太鼓チームの経営者と経営幹部が集結していた。タンクトップの中央には、大きくヒーローズクラブのロゴが描かれている。

和太鼓パフォーマンスの開始予定時刻が迫る。

「では､皆さん。集まっていただいたお客様のために､この一回に全てをかけていきましょう」

睦の声に、皆が頷いて周りに集まる。そして、全員で円陣を組んだ。

「いくぞ！」

「おおっ！」

睦の掛け声を合図に、皆が気合いの入った声をあげた。

「では、いよいよとなりました。五〇人の経営者と経営幹部が集結した、日本古来の伝統的な和太鼓によるパフォーマンスをお楽しみください」

司会の言葉を合図に、ステージに照明があたる。所狭しと並べられた大きな無数の太鼓が浮かび上がった。

観客席から大きな拍手が起こる中、和太鼓メンバーがステージに入場した。皆、自分の太鼓の前に立つ。そして、両手に握りしめたバチを太鼓の上で構えて静止した。

観客席からの拍手が止み、静寂がおとずれる。

睦は目をつむり耳をすませた。皆の呼吸の音が聞こえる。最初は早かったりゆっくりだったりバラバラだった皆の呼吸が、少しずつ落ち着いてくる。時がくるのを待つ。

(いまだ！)

目を見開き、口を開いた。

「いよーっ」

「ハッ!!」

ぴったりと揃った皆の雄叫びが、会場に響き渡る。それに続けて、太鼓の連打が始まる。

——ドドドドド、ドン！

「やーっ」

——ドンドンドンドン！

「やーっっ！」

観客席に一瞬、視線を移す。瞳を輝かせてステージを見つめる観客たちの表情が目に映った。

（よし、いいぞ。お客様にも気持ちが伝わっている。この調子で、この会場に来てくださった方たちを元気に。そして、日本を元気に！）

――ドンドン‼　ドドン‼

睦の想いが皆に伝わったのか、太鼓の音がより勢いを増していく。さらに、連打が続く。

――ドドドドドドン！

「ハッ！！！」

両手のバチを高々とかかげ、皆、最後の雄叫びをあげた。

会場に響いたその雄叫びの余韻が消えるのに合わせ、観客席から一斉に大きな拍手が沸き上がった。

会場に笑顔が溢れる。

（やり切った。皆の魂のこもった太鼓、これまでで一番だった。そして、この太鼓に込められたエネルギーは、この大感謝祭に来てくださったお客様に確実に伝わった。自分一人でも一つの会社だけでもできない。ヒーローズの企業が一つになったから、こんなことができたんだ）

ふとステージの裾を振り向くと、笑顔で睦たちを見つめる恵子さんの姿が目に入った。恵子さんに出会う前の苦悩、そして出会った後の変化が走馬灯のように蘇る。

涙がこぼれそうになる睦。周りをみると、同じように涙をこらえているメンバー、すでに涙がこぼれているメンバー、満面の笑みでガッツポーズするメンバー。皆それぞれに、感謝と感動に浸っていた。

拍手はまだ鳴りやまない。

その拍手に応えようと、皆、自然とステージ前に一列に並んだ。それを見て、拍手が一時的にやむ。その瞬間、睦が叫んだ。

「和の国日本を元気に！」

それに続いて、メンバー全員が一斉に声をあげる。

「我ら、ヒーローズ！　ありがとうございました！」

再び拍手が沸き起こる。そして、その拍手は、いつまでも鳴りやまなかった。

仲村恵子の所見「母、愛、そして美しい日本」

ありがとうございます。

むっちゃんの瞳が、キラキラ輝くのが嬉しかった。

同時に感謝祭や豈プロジェクトの応援に駆けつけてくださる、むっちゃんのお母様の姿を見るのが嬉しかった。突然父親を亡くし、むっちゃんが社長になりその傍らで、その苦悩を何もかも分かっていて愛情深く、寄り添い見守る、お母様の姿を拝見する度に、「必ず幸せな成功者にする」と勝手に心に誓ったものです。

みんなに囲まれ、愛され応援していただけるむっちゃんの姿を、客席で見ているお母様に心から感謝しています。彼は素直で努力家で、優しい人です。日本に貢献する素晴らしい人リーダーを、育てていただきありがとうございます。

これからも皆で力を合わせて、子どもたちが誇れる、希望を語れる、美しい日本を共に創っていきます。

感謝

エピローグ

創業社長であった父が亡くなり、二十七歳でメディアラボの社長になった当時、「自分は会社の社長としてふさわしくないのではないか」という不安と「絶対に父が作った会社を大きくしていくんだ」という想いが入り混じり、とにかく一生懸命、立派な社長であろうと日々奮闘をしていました。

「どうにかこの会社を立派にするんだ。社員を守るんだ」そんな想いを持てば持つほど空回りしてしまい、本当に苦しくて、辛くて……。

社長は孤独なんだから頑張るしかない。折れそうになる心をギリギリで保ち、利益をあげれば何とかなる！　そう思って気持ちを奮い立たせていた自分を、今では微笑ましく思います。

私にとっての社長人生の転機は間違いなく、ワールドユーアカデミーの恵子さん、そして、ヒーローズクラブの仲間との出会いでした。

孤独で目の前が真っ暗だった私に、寄り添ってくれる人がいる、一緒に歩んでくれる仲間がいる。普段のコミュニケーションの学びの中で、内省内観の合宿で、世界中を大冒険する中で、真っ暗だった私の心に一筋の光が差し込み、不協和音だらけだった私の耳に仲間の温かい声が届くようになり、重かった体が段々と軽くなっていく。そんな不思議な体験をさせてもらいました。

様々な体験を通して、いつしか、社内でひとりぼっちだった私の周りには、ひとり、またひとりと仲間が増えていきました。一緒に会社を変えていこう。周りの人に喜んでもらおう。社会を良くしていこう。日本を元気にしよう！　大真面目にそんなことを話すことのできるかけがえのないチームです。

物語の後半にもあったように、今、私たちヒーローズクラブは「日本を元気にしよう！」そんな思いで会社という枠を超えて、様々な活動をしています。

その一つがヒーローズクラブ和太鼓チームです。社長や幹部が仕事をしながら和太鼓を叩く。日本に元気を届けよう！　先人から受け継いだ文化を後世に残そう！　そんな志で、本気で活動しています。

全く太鼓を叩いたことのないメンバーが集まり、涙し、共に笑い合い、成長していく。私も例外ではなく、和太鼓チームの運営をさせていただく中で、一段成長することができました。

そして、みんなで肩を抱き合って「日本を元気にする！」という志に向かって日々続く冒険に、ワクワクしながら進んでいます。

私の人生は奇跡のように変わりました。当時の自分と話をすることができるとしたら、「絶対に大丈夫！」「あなたが変わりたいと願っていれば必ずチャンスが来るから、一緒に頑張ろう！」そう確信を持って声をかけます。

私の世界をガラッと変えたのは考え方の変化です。それは特別なことではなくて、誰にでも起こすことのできる奇跡です。導いてくれるメンターと、共に歩んでくれる仲間と、ほんの少しの勇気があれば。

もし、当時の私と同じように「どうにかしたい」と思っている人がいるとしたら、少し勇気を出して私たちと共に歩んでみてほしい。そう思います。真っ暗で前が見えないと思っていたトンネルの先に、人生が変わるような素敵な大冒険が必ず待っています。ぜひ手を伸ばしてみてください。

最後まで読んでくださり、本当にありがとうございます。皆さんとのご縁に感謝です。

二〇二三年　株式会社メディアラボ

代表取締役　長島　睦

おわりに

日本には、結(ゆい)の精神があります。

「結」とは、地域を構成する家々に大きな出来事が起きた場合、そこに住む全ての人が、力をあわせて作業にあたる助け合いの精神のことです。屋根瓦を吹き替えたり、農業を助けあったりみんなで仲良く暮らしていきます。

いつからでしょうか？　自然から遠ざかり、仲間から遠ざかり、仕事に追われ、大切な精神を忘れてしまったのは。

私たちは、結の精神を復興したいのです。

ワールドユーアカデミーで学んだ仲間たちも、最初は孤独だったり、社会や日本のために貢献しようという意識がなく、日々の仕事に追われ、解決法が分からないところから始まりました。

当時は「日本の現状、つまり農業・教育・文化・経済などを学び、社会の課題に貢献していこう」という考えに、現在のように取り組む余裕も、その挑戦も考えられなかったと思います。

自分の家族や仕事に日々悩んでいれば、当然そうなるでしょう。しかしその毎月のラットレースから卒業し、幸せな成功者になる方法はあるのです。

高校や大学など学校を卒業してから、誰と何をどのように学んでいるかが人生を大きく変えていきます。

売上げを上げるための、セールストークや能力を上げるスキル研修も大切ですが、なにより大切なことは、人に愛されまた逢いたいと思っていただける魅力的な、志の高いチームになることではないでしょうか？

私たちは中小企業の団体で、一つ一つはさくらの花のように小さな力かもしれませんが、結の精神で、思いを集めて、日本を元気にする大きな満開のさくらの樹になり、その和を全国に美しくみんなと共に咲き誇り拡げていきたいのです。

もうすでに全国で日本のために、子どもたちのために活動されている経営者の皆さま、ぜひ私たちもお仲間にいれていただければ幸いです。

結の助け合いの精神で、キラキラ輝く大人が子どもたちのヒーロー、すなわち希望になり、同時にキラキラ笑顔が輝く子どもたちが大人の希望になる、そんな喜び溢れる社会をつくっていきたいのです。

今全国で、豈(やまと)プロジェクト公演を展開しています。前半は日本の農業や経済や歴史などを学ぶ時間、後半は文化の復興を目指し経営者・経営幹部たちを中心に太鼓や、ダンスなど日本が元気になるお祭りを開催し、参加された皆様と一緒に楽しい手拍子とワッハッハの声を響かせています。

会場がみんな一つになる瞬間です。これぞ日本の楽しさですね。素晴らしい皆様との奇蹟のような出逢いを、心から楽しみにお待ちしています。

愛と感謝をこめて……

株式会社ワールドユーアカデミー　代表取締役
「ヒーローズクラブ」「豈プロジェクト」主宰
一般社団法人日本中小企業経営審議会　代表理事　仲村恵子

日本復興豈プロジェクトの活動報告もたくさんありますので、「World U Academy/ ヒーローズクラブ」のＹｏｕＴｕｂｅチャンネルを見てみてくださいね。

YouTube チャンネル
QR コード

仲村　恵子 (Keiko Nakamura)

志経営コンサルタント
株式会社　World U Academy　代表取締役
ヒーローズクラブ・豈（やまと）プロジェクト主宰
一般社団法人日本中小企業経営審議会　代表理事

22 歳で独立起業し業績を伸ばしても、いつのまにか数字を追いかけ続ける人生に疑問をもつ。世界中にメンターを探し学び続け「人生と仕事の繁栄を実現する」ため、考え方をシフトする独自の教育プログラムを開発。

日本本来の皆で助け合う「結の精神」を復興し、志を中心に中小企業が各社の垣根を超えて、日本の課題「農業・教育・文化・経済」の繁栄に、具体的に取り組む、豈（やまと）プロジェクト、（喜び溢れる国を皆でつくろう！）の活動を全国で展開する。

現在は、一般社団法人日本中小企業経営審議会を立ち上げ、「日本の未来を、学び・考え・行動する」をテーマに、官民学が力をあわせ活動している。

日本を元気に！立ち上がれ豈（やまと）魂！

World U Academy　https://world-u.com
ヒーローズクラブ　https://heroes.world-u.com
豈（やまと）プロジェクト　https://yamato.world-u.com
一般社団法人日本中小企業経営審議会　https://japan-sbc.co.jp

経営という冒険を楽しもう　5
「愛される志経営」二代目社長が
和太鼓を叩いたら……。

定価（本体1364円+税）

乱丁・落丁はお取り替えします。

2023年4月22日初版第1刷印刷
2023年4月28日初版第1刷発行
著　者　　仲村恵子
発行者　　百瀬精一
発行所　　鳥影社 (www.choeisha.com)
〒160-0023 東京都新宿区西新宿3-5-12トーカン新宿7F
電話 03-5948-6470, FAX 0120-586-771
〒392-0012 長野県諏訪市四賀229-1（本社・編集室）
電話 0266-53-2903, FAX 0266-58-6771
印刷・製本　モリモト印刷

ISBN978-4-86782-015-5 C0095